文春文庫

「足に魂こめました」

カズが語った［三浦知良］

一志治夫

文庫版のためのまえがき

本書が刊行されたのは、一九九三年九月のことだ。この年の五月、Jリーグが開幕し、一〇月にはワールドカップ・アメリカ大会の最終予選を迎えようという、日本中がサッカー一色に染まっていた時期である。Jリーグのチケットは瞬く間に売り切れ、選手たちの年俸はプロ野球選手並に高騰し、あらゆるメディアにサッカー情報が溢れている時代。バブル経済はとうに終わっていたけれど、サッカーバブルなどという言葉が出てくるぐらい、サッカーは一気に隆盛し、ごくわずかの間に人々に浸透していったのである。

そんな時代の象徴として先頭を走っていたのがカズだった。それまでサッカーを見たこともないような老若男女を自らのオーラでスタジアムへ導いた。あのとき、日本サッカーとはすなわちカズだった。圧倒的な力で、カズはサッカーというスポーツを人々のもとへと送り届けたのだ。

本書は、そんなサッカー元年の真っ直中に「週刊文春」で六回にわたって連載したものをベースにまとめたものである。

日本サッカーは、この二〇年の間に大きく変わった。メディアと観客の目は肥え、選手たちの技術は著しく上がり、戦術も高等化した。同時に、日本のメディアで使われるサッカー用語も激しく変遷している。

たとえば、一九九三年当時、いまでは当たり前のように使われているボランチ、ピッチ、クロスボール、ボールポゼッションなどといった言葉はなかった（使っていなかった）。なにせ、本書でも、リフティングのことを「体全体を使いボールを落とさずつき続けること」なんて説明しているのである（文庫化に際して、わかりにくい語彙には手を入れたが、基本的には当時のままにしてある）。まさに隔世の感ありなのだ。

サッカーに関する記述にしても、どことなく古くさく陳腐に感じるところがあるかもしれない。ここでもやはり、二〇年の星霜は隠せない。

本書に登場する人物たちの肩書きにしても、もちろん皆変わっている。同じ人は一人としていないのではないか。ある人は監督になり、ある人は解説者となり、ある人は本国へ帰り、とそれぞれの道を歩んでいる。が、本文では基本的にあえて当時のままにしてある。

そんなふうに多くのものが移り変わっていく中で、カズは、いまだに変わらず一選手として練習し、身体を整え、試合を心待ちにするという日々を過ごしている。二〇年前と何ら変わっていないのである。ただただ驚異と言うしかないのだが、「文庫版のためのあとがき」では、そのあたりのことを書いた。

いずれにせよ、刊行されて久しい『足に魂こめました』が文庫化されたのは、間違いなく、カズが四五歳を迎えてもなお第一線でプレーを続けているからである。二〇年前のカズの原点をいま一度お読みになり、現在の勇姿に重ねていただければ幸いである。

二〇一二年一〇月

一志治夫

「足に魂こめました」

カズが語った［三浦知良］

目次

本文扉写真　関めぐみ
各章扉写真　ハットトリック
　　　　　　共同通信
　　　　　　文藝春秋写真部
デザイン　番　洋樹
DTP　ジェイ エスキューブ

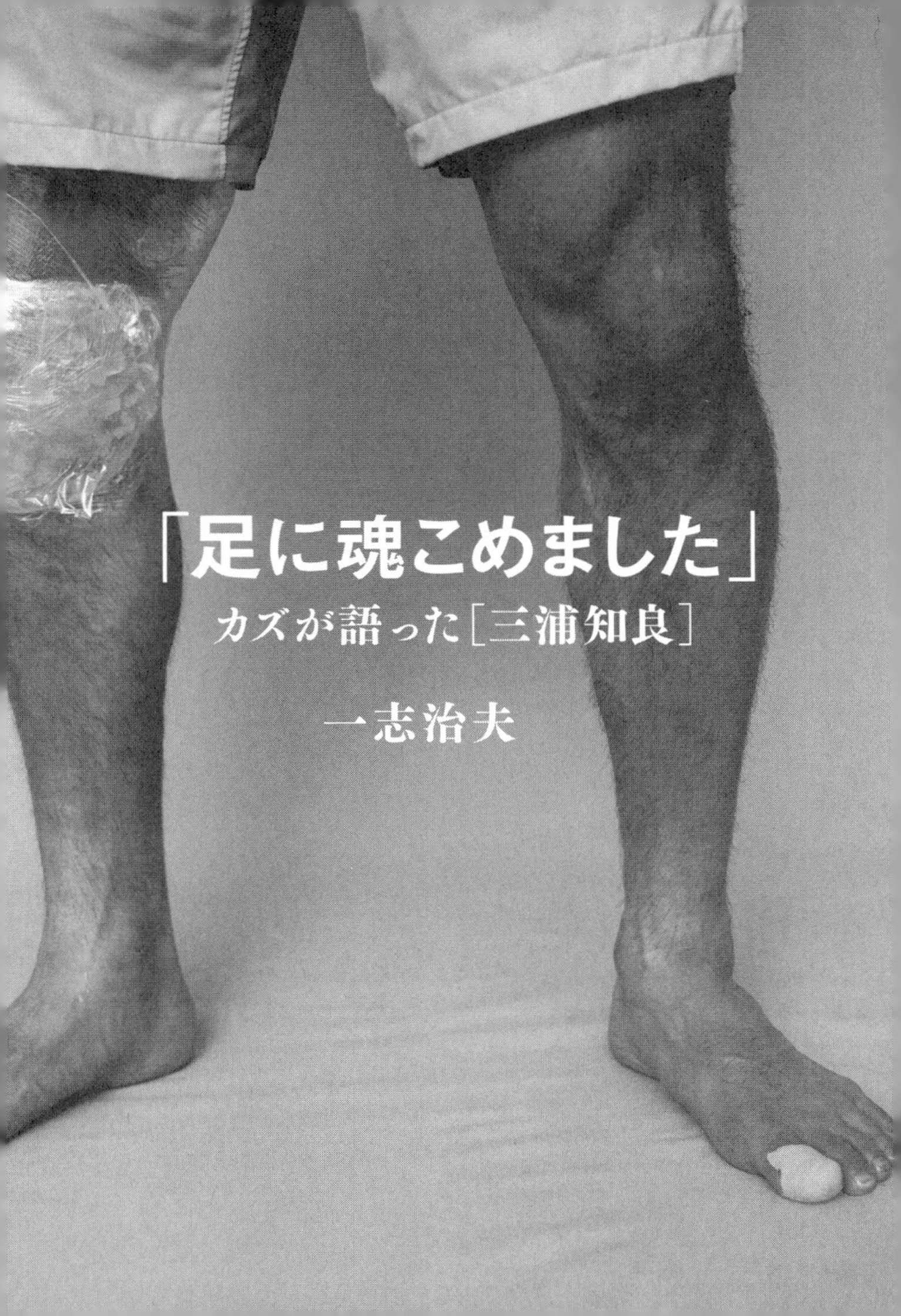

「足に魂こめました」

カズが語った［三浦知良］

一志治夫

プロローグ

夢追うゴール

三浦知良《かずよし》がブラジルから帰国して二年余りが過ぎた一九九二年夏、日本代表チームの快進撃は始まった。

九二年八月一四日と一七日、イタリア・セリエAの強豪〈ユベントス〉との間で行われた国際親善試合二試合を引き分けてリズムに乗った日本代表チームは、続いて八月二二日から中国で行われたダイナスティカップ（東アジア選手権。韓国、北朝鮮、中国が参加）を制した。

さらに、アジア・ナンバーワンを決めるアジアカップの予選リーグでは、対UAE（アラブ首長国連邦）戦を〇対〇、対北朝鮮戦を一対一と引き分け、一一月三日、優勝候補であるイランとのゲームを迎えていた。

イランに負ける、あるいは引き分けると日本は準決勝に進めない、という大事なゲームだった。逆に引き分ければ準決勝に進めるイランは、守りのサッカーを貫いていた。準決勝進出がほぼ絶望的に思えた後半四〇分過ぎ、日本はチャンスを迎える。井原正巳からカズに絶妙のパスが上がったのだ。このボールをワントラップしたカズは、豪快にゴール右に決勝ゴールを放った。

イラン戦の勝利ではずみをつけた日本代表チームは、中国との準決勝を三対二、サウジアラビアとの決勝戦を一対〇で勝ち、アジア・ナンバーワンの座を奪取した。

「アジア・チャンピオン」の自信は、こののちの日本代表チームを突き動かしていく。九三年春のワールドカップ・アジア地区一次予選を負けなしで乗り切れたのも、このときに得た「俺たちが負けるわけがない」という自信に支えられていたからである。

三浦知良は、アジアカップの一つの山場となったイラン戦終了後、報道陣から決勝ゴールの感想を求められ、気負うでもなくこう答えていた。

「足に魂こめました」

——11番ＫＡＺＵは、新生日本代表チームになくてはならない存在になっていた。

第一章
夢見る少年
静岡――1967〜82

1歳7カ月年上の兄、泰年（左）と。ボールに触れ始めた頃。

「カズ」――三浦知良《かずよし》は、一九六七年二月二六日、父・納谷《なや》宣雄《のぶお》、母・由子《よしこ》の次男として静岡県静岡市に生まれた。誕生時の体重は三一〇〇グラムだった。

知良という読み方の変わった名前は宣雄の父親、つまりカズの祖父によってつけられた。カズの祖父は市役所に勤める役人で、カズの兄に泰年《やすとし》という名前をつけたのも祖父だった。

父・宣雄はもともと商事会社に勤めていたが、カズが生まれる頃には、すでに退官していたカズの祖父が静岡市内で経営する洋品店を手伝い始めていた。ただ、洋品店がスタートして四、五年たった頃には、店の半分ではサッカー用品を扱い始めていたらしい。そして、カズが小学校に上がる頃には、洋品店はサッカーショップに鞍替えしていたのである。

この頃には、すでにカズを取り囲む一切のものがサッカー一色に染まっていた。父・宣雄、叔父・納谷義郎《よしろう》がサッカーをやっていて、その影響で一学年上の兄・泰年もまたサッカーに親しんでいたからである。

叔父・納谷義郎は、静岡市内で城内《じょうない》フットボールクラブの監督をしており、カズも兄の泰年もその叔父のフットボールクラブに入団していた。カズは物心つく前からごく自然にサッカーボールに触れていたのだ。

もっとも、だからといって、カズがサッカーのスーパーエリートとして育てられたかというとそんなことはない。サッカーに囲まれた環境にいたとはいえ、特に目立った才能を発揮していたわけでもなく、日本中のどこにでもいるサッカー少年の一人に過ぎなかった。カズのサッカーにおける能力は、最初から図抜けていたというわけではなかったのである。

カズ自身の記憶の中では、小学校一年生の冬がサッカーとの最初の出会いということになる。

「ある日、叔父（納谷義郎）さんからリフティングを一〇回続けてみろって言われてできなくて、悔しかった思い出があるんです。それが小学校一年の冬だった。それで練習をして、すぐに半年ぐらいで一〇〇回や二〇〇回できるようになって、四年生の頃にはもう五、六千回はできた。その頃はもう本当にリフティングだけしかやっていなかった。クラブの中には中学生もいて、その人たちがとにかくうまかった。その先輩たちにできて自分にできないということが悔しくてしかたなかったんです」

リフティングに始まる基礎練習をこの時期に徹底的に行い、カズはボールコントロールの技術を自分のものとしていた。

カズのプレーの最大の魅力は、全身を柔軟に使い、ドリブルとフェイントの連続でボールをゴールに持ち込むところにあるのだが、そのサッカースタイルの下地は、この頃から早くも培われていたというわけである。

しかし、この頃はまだ、サッカー一筋というわけでもなかった。他の多くの子供がそうであるように、自転車に乗ったり、缶蹴りをしたりすることに気を奪われていたのである。カズが本格的にサッカーに興味を持ち、練習に打ち込み始めるのは、小学校四年から五年にかけてだった。

「それまでは練習に行ったり行かなかったりという感じで、結構さぼってた。でも、そのうちに毎日練習するようになっていった。やっぱり、何百回もリフティングが続けてできて、ボールも自由に扱えるようになってから、サッカーがおもしろくなったんです。

そう考えると、僕はまったく個人からサッカーに入っている。体も小さいし、体力もないけど、ボールを扱わせ、一人でサーカスみたいなことをさせたらうまかった。でも、それはサッカーじゃないけどね。ただ、それが一六、七歳からではなくて、体が柔らかい小さい頃に覚えられたからすごくよかったなっていうのはある。そうじゃないと体が覚えないですよ。子供の頃にやったってことがすごくプラスになったと思う」

カズがゲーム中に見せる華麗なる個人技の萌芽である。

それでもカズは、まわりからみれば、どこにでもいる単なるサッカー好きの少年としか映っていなかった。

カズに対する評価が低い理由の一つに、身長の問題があった。

早生まれのカズは、まわりの同学年の子供たちに比べて、相対的に常に「小さい」と言われる部類に入っていて、身長を重視し、スピードを求める当時のサッカーから置きざりにされてしまったのだ。しかし、そんな中で、カズのサッカーを当時から認め、評価していた人物もいた。それまでにもサッカークラブを通じ、何百人という少年を指導してきた叔父の納谷義郎だ。ボールと離れない、ボールと一体となる技術において、カズはとにかく優れていた。ライン際を使い、狭いスペースを実にうまく突破した。

カズは、この叔父からグラウンドにおける技術を学ぶと同時に理論も教わった。教材はワールドカップのフィルムとビデオである。ワールドカップでは毎回、そのときどきの世界のトップをいくチームのスタイルが色濃く反映されていた。世界で一番新鮮な教材だったのである。

ブラジルが圧勝した一九七〇年メキシコ大会。スーパースター、ベッケンバウワー（西ドイツ）と14番をつけたクライフ（オランダ）が活躍した七四年西ドイツ大会。地元アルゼンチンの優勝で国民が熱狂した七八年アルゼンチン大会。そこにはサッカーの多彩なスタイルが溢れていた。

しかし、カズにとってもっとも印象深いのは、やはりブラジルが優勝した七〇年のメキシコ大会のフィルムだった。七〇年のワールドカップでブラジルが優勝できたのは、一人一人の圧倒的な個人技によってだった。ジャイルジーニョ、リベリーノ、そしてペレ。誰もが素晴らしいプレーを存分に披露していた。ゆっくり攻めて一対一の強さで勝つという展開である。カズのサッカースタイルの原点は、まさにここにあったのだ。

学校帰りに叔父のサッカーショップで毎日のようにビデオを見ていた頃のことを、カズははっきりと覚えている。

「ブラジル人はうまいぞっていつも言われていた。僕も、どうしてこんなことができるんだろうと思って見ていた。リベリーノのフェイントとか見せられて、『ブラジル人はこれをやるんだ』って教えてもらった。で、次の日にマネすると練習ではできるんだ。

だけど、試合ではできないんだ」

カズは世界最高のプレーを見て、実際に試し、徐々にそれを体得していった。父親の納谷宣雄も、叔父の納谷義郎も、ブラジルの変幻自在の個人技に支えられたサッカーに魅せられていた。叔父は南米スタイルのサッカーをカズに徹底的に見せた。そして、それはカズに決定的な影響を与えた。カズにとってはサッカーといえばブラジル以外に考えられなかったのである。

「自由な発想の中から、すごく本能的で予測できないものが飛び出してくる。やっぱりブラジルには不思議な魅力があるなって、僕はそのとき、子供ながらに感動していた。その感動は、ブラジルという国ではなく、ブラジルのサッカー選手によって与えてもらっていたわけです」

こんなふうにしてカズは、変化に満ち、しかも奥深いサッカーの魅力に次第に引き込まれていった。サッカーには自由の匂いがあった。

サッカーに明け暮れるカズの小学校時代の生活は、しかし、必ずしも平穏ではなかった。小学校四年生のとき、両親が離婚したためである。母親の三浦由子が述懐する。

「子供たちには私を守らなきゃという気持ちがあったと思うんです。協力しなきゃいけないというね。随分うちの子供たちは協力的だった。普通は反抗期ということになるんでしょうけど、仲のいい生活を送っていましたね。子供たちは我慢していたのかもしれないけど」

両親は離婚したものの、カズを囲む伯父や叔父、父親との関係は相変わらず続いていた。ただ、カズの生活環境はガラリと変わり、母、兄、妹、そしてカズの四人による新たな生活が始まっていた。カズはときに父方の祖母の家に長期間預けられたりもするようになる。

そして、離婚から二年たった七八年一〇月二五日、三浦家にとっては新たなスタートの日がやってくる。信用金庫から借金をして、由子が静岡市内でお好み焼き屋『もんじゃや』を始めたからである。

カズたちの生活の場は、『もんじゃや』の二階の八畳一間へと移った。二階へ上がる階段は、数個のお好み焼き用のガステーブルを抜けた奥にあった。カズと兄の泰年は、押し入れの中に布団を敷き、そこを二段ベッド代わりに使った。階下からは毎日お好み焼きの焼ける匂いが漂ってきた。

三浦由子にとっては、開店日に見せたカズの心遣いが忘れられない。

「学校で先生に『今日、お母さんのお店の開店日なんだけど、お客さんくるかな』と非常に心配して話していたらしいんです。それで、小学校の知良の学年の担任の先生たちが四、五人で来てくださってね。『よかったね、お母さん、お客さん入ってて。知良君がえらく心配していたのでみんなで来ました』ってね。知良はこんなふうにすごくデリケートなんです」

同じ頃、静岡市内でサッカーショップを営んでいた伯父の納谷聖司も似たような経験をしている。

ある日、学校帰りに店に入ってきたカズを見て、伯父は店内の電気をふざけて消した。カズが、

「聖司おじさん、電気消えているよ」

と言う。伯父が、

「ああ、中部電力から電気を止められる止められるって言われてたけど、いまちょうどね、売り上げがなくて電気止められたんだ。お金を払わないから」

と真顔で答えると、カズは、

「いくらぐらい」

と聞いてきた。

「そうだな、三、四千円あればなあ」

と答えるのを聞いて、カズは店を出て行った。およそ三〇分後、カズが再び店に現れる。今度は何人かの下級生が一緒だった。カズはその下級生に向かってこう言った。

「おい、お前らここでなんか買え。電気代払わなきゃいけないから」

カズには幼い頃から人を思いやるそんな心があった。

一方、カズの学校での成績はどうかというと、これは惨憺たるものだった。一つの部屋で長時間座っていなければならない授業が大嫌いだったのである。ただし、小学校三年のときだけは少し違った。

「三年生のときの担任の女の先生が好きだったんです。だから、勉強も一生懸命やった。全教科八〇点以下はとっていない。トップにいたもの。で、冬休みにもわざわざ学校に行ってその先生と一対一で勉強したりした。でも、そのあとすぐ結婚しちゃって、担任が代わってしまった」

ＩＱがクラスでトップだったカズは、ちょっとその気になれば成績を簡単に上げることができた。そして、「勉強ができるカズ」は四年生になると学級委員に選ばれる。もともと人気者だった上に、成績もよくなったのだから当然だった。しかし、もちろん、担任が代わったとたん、カズの成績はまたドンジリにまで落ち、その後、再び浮上することはなくなる。リフティングが先輩よりできない悔しさから奮闘したカズだったが、こと勉強に関しては負けず嫌いとは言えなかった。

もっとも、母親も勉強に関してうるさく言わなかった。

「勉強に関してほとんど何も言わなかったのは、三人の子供には、自分で判断する気持ちを持って欲しいと思っていたからなんです。サッカーに関しても、その頃はお店もあったし、試合をマメに見に行くとか、ステージママみたいに試合について歩くみたいなことはなかったですね。ただ、サッカーだけは続けさせなきゃいけないと思っていた。それが生活につながるとかじゃなくて、やっぱりやりとげた人には何かが残るし、最後は趣味になっても何でも、やったと思える充実感を子供たちには持ってもらいたいと思っていたんです。

ただ、知良の場合、普通では通らないような性格を小さいときから持っていましたね。勉強は嫌いでも一つのことに没頭して、何かをつかむだろうっていう、そんな予感をさせる何かを私は感じていた。いつもそういう感覚であの子を見ていたんです」

兄の泰年もまた、カズのそういった性格を小学校時代から感じていた。

「小学校のマラソン大会で、僕が六年生の一位、カズが五年生の一位をとったんです。で、一位になると学内テレビ放送みたいなのに優勝インタビューで出られるんですね。

僕はまあ、『最初はどうなるかと思いましたが、なんとか勝ちました』みたいな普通のコメントをするんですが、カズは『最初から優勝すると思ってました』なんて言っちゃう。でも、実際にカズは練習のときは全然遅いんです。しっかり走らなくて。僕は日頃からまじめにやっているから、僕の方こそ『優勝して当たり前』って言ってもいいわけですけどね」

このエピソードもまた、その後のカズを彷彿させる。

得点に結びつきそうなとき、カズは吸い寄せられるようにゴール前に駆け込み、鮮やかなアシストを見せ、シュートを放ち、そして決める。カズは一瞬の集中力に長けている。もちろん、それは同時に、先を読む能力に優っているということでもあるのだが、大きな大会であるほど、あるいは決定的な場面であればあるほど、カズは力を発揮することが多い。それはカズの大きな魅力でもある。

しかし、そんなカズの才能は、なぜか地元・城内中学に進学したのちも、相変わらず認められることはなかった。輝かしい戦績とは無縁だったし、たいした評価も受けていないのだ。カズが静岡県の代表選手や全日本ジュニアユースに選ばれることは、ついぞなかった。将来、日本のプロリーグを牽引していくプレーヤーの片鱗はなかなか見えてこない。

この頃、カズの一つの目標となっていたのは、のちに清水エスパルスで活躍する兄・泰年だった。ただし、二人のスタイルの違いは、すでにこの頃から現れていた。

泰年が振り返る。

「僕はパスっていうものの魅力を中学ぐらいから感じていて、パスをうまくならなきゃと思っていた。ドリブルよりパスの方が好きだったんです。だけどカズは、ドリブル、ドリブルだった。カズはずっとドリブルで通していたんです。でもドリブルができればあとは楽ですよ。シュートとパスを覚えれば」

そして十数年の時を経た後に、二人は別々のプロチームでそれぞれの特徴を生かしたプレーを演じることになるわけである。

中学三年になると進路調査が行われる。その第一希望欄に、カズは「ブラジル」と書いた。普通、進学希望の高校名を書く欄に、である。

「先生からは、『まじめに書け』って言われた。お前とは口もききたくないみたいな感じで。先生も、僕が県代表に選ばれるような有名な選手だったらそうじゃなかったかもしれないけど、僕は選ばれてなかったし。実際、いま思うとゲームはヘタでしたけどね。

でも、ドリブルとかボールを扱わすと僕はうまかったと思うけど。だけど、僕はいまはこれでいい、ブラジルに行ってプロになる、みんなとは違う道を行くって思っていたから、別に県選抜なんかいらない、全日本ユースなんてならないでいいと思っていたんです」

この頃、日本にいてプロのサッカー選手になることをイメージするのは実に難しいことだった。にもかかわらず、カズは一五歳にしてはっきりとプロの世界を思い描いていた。

「プロサッカー選手になるというのは、子供としての夢だった。もちろん日本ではなく、外国で。契約金を五千万円もらって、その利息で食っていこうと思っていた。だけど、だからといって努力していたかというと、そうでもない。子供ですよね」

カズの生まれた翌年の六八年、日本代表チームはメキシコオリンピックで三位に食い込んでいる。しかし、このとき日本のサッカーはまだ、世界のサッカーが「見えた」と言うにはほど遠い状況にあった。ましてや、プロサッカーなど、夢のまた夢でしかなかったのだ。にもかかわらず、カズは小学校の段階ですでに世界を、そしてプロを意識していたのである。

いまでこそ珍しくなくなった海外へのサッカー留学だが、これも当時は、水島武蔵がブラジルに渡っていたぐらいで、日本の少年たちにとっては無縁のものだった。多くの子供たちがいま簡単に「Jリーグに入って活躍したい」と口にするようになることなど、そのときには、もちろん想像すらできなかった。

中学三年の夏を境にカズのブラジル留学の話は具体化していった。ちょうどこの頃、カズの父親がブラジルに渡り、サッカー選手や留学生の斡旋業を始めようとしていたこともあって、カズにとっては、留学すること自体はそれほど無茶な計画というわけでもなくなっていた。

カズの気持ちの中では、ブラジルに行ってプロになるという思いが日増しに強くなっていった。

しかし、ビザの関係などもあって、とりあえずカズは、サッカーの名門、静岡学園に入学することになる。一学年上には兄の泰年がいた。

高校一年の一一月中旬、ついに兄と弟は、静岡学園サッカー部の井田勝通《まさみち》監督のもとにブラジル行きの決意表明に行く。

兄の泰年が、

「弟がブラジルに行くと言っているので行かせてください」

と言うと、井田監督は、

「奇跡でも起きないかぎり、九九パーセント、ブラジルでプロになるなんて無理だ」と答えた。

泰年は食い下がった。

「でも、それでも行きたいカズだから行かせて欲しい。僕は、日本リーグのニッサンとか松下とか、こっちでどっかいいチームに入って、カズが戻ってきたとき入れるように頑張ります」

ブラジルのサッカーに精通し、信奉している井田監督だけに、カズのサッカーがブラジルのプロで通用するとは、とても思えなかったのである。

「カズのことは小学校の頃から見てきたけど、テクニックという点では当時からうまかった。ただ、走るスピード、キック力、ジャンプ力とか、フィジカルな面ではとても一流と呼べるようなものではなく、どちらかというと二流、三流だったんです」

こうした感想を持ったのは、何も井田に限ったことではなかった。カズのまわりにいた人は、カズのブラジル行きを冷ややかに見ていたのだ。

ほとんどの指導者たちは、カズのブラジル行きを嘲笑していた。しかし、それは当然と言えば当然のことだった。単なる留学ではなく、プロになる目的で渡るのだ。体格の小さな一五歳の少年を見て「プロになれる」などと言う方が無理なのだ。

ちょうどこの頃、のちに日本代表チームの監督を務めるハンス・オフトが、カズのプレーを実際に見ている。当時ヤマハで臨時コーチをしていたオフトは、日本のサッカーの状況を知るため、積極的に高校のゲームを見て回っていた。

「そのときの印象としては、スキルフルで、テクニックの高い選手だと感じたけど、一方で自分に頼り、自分でどんどんプレーしていくような選手だとも思った。今のカズは、サッカーは一一人の中でやっていくということを非常によく理解しているんですけどね」

のちにカズとともにワールドカップを目指す名将ハンス・オフトでさえも、やはりこの段階では、少年カズに合格点をつけていなかったのである。

しかし、それでもカズのブラジル行きの決意は固かった。

ブラジルと日本の橋渡しをする仲介人が『もんじゃや』を訪れ、

「ブラジルに渡ったら、親の死に目にも会えないかもしれないけど、それでもいいですか」

と尋ねたとき、カズは母親を前にして、

「それでもいいです」

と答えていた。

ブラジル行きは、八二年一二月二〇日に決まった。

しかし、この頃、カズの家は決して裕福な状態にはなかった。『もんじゃや』は四年を経て軌道に乗り始めてはいたが、ブラジルへの渡航費用をポンと出せるような暮らし向きではなかったのだ。

三浦由子は、かつて家族が寝起きした『もんじゃや』の二階で、懐かしそうに当時を思い出す。

「お店の方もなんとかなってきていて、資金の返済ももうほぼ終了する頃だったんです。でも、渡航費用だけで、当時五〇万円かかったでしょ。で、お店の資金を借りたときと同じ信用金庫の方に、ブラジルに留学させるんでって言って、渡航費用とおこづかいなど諸々で一〇〇万円借りたんです。普通そういうのって出ないですよね。だから、いまでもその信用金庫の貸してくれた人のことをフッと思い出すことがあるんですよ。協力的だったなって。でも、お金はぎりぎりでしたね」

八二年一二月一九日、静岡駅の新幹線上りホームには、五、六〇人もの一五、六歳の少年たちが溢れ返っていた。中学時代の同級生やサッカー仲間による見送りである。

事情を知らない乗降客の中には、有名人かしらと立ち止まる人さえいた。それぐらいの大騒ぎだったのだ。

一方、新幹線の中では、見送られる一五歳のカズが大泣きしていた。

「静岡にはもう戻れないんだ、友達にももう会えないんだなと思うと、悲しくてしかたなかったんです」

由子はブラジルに行くカズに対して、

「帰りの旅費は自分で稼いで帰ってくる覚悟で行きなさい。途中であなたが帰りたいと言ってもとてもお母さんはそれ以上出せないから」

と言い渡していた。

一緒に新幹線に乗り込んだ母・由子、兄・泰年、妹の美華子の誰もが泣いていた。由子は、これで本当に今度いつ会えるかわからないんだな、と覚悟を決めていた。由子にとってのブラジルは、それほど遠い国だった。

東京に着いた四人は、渋谷のビジネスホテルに泊まった。家族水入らずの「最後の晩餐」は焼き肉だった。

数年のち、ブラジルから一時帰国したカズは、このビジネスホテルを探し訪ねている。当時はそれほど変だとは思わなかったホテルだったが、時を経て見ると意外にみすぼらしく、「こんなホテルに泊まったのか」とカズは思っていた。そんな感慨をもって振り返ったことからもわかるように、この一両日というのは、カズにとって人生の大きなターニングポイントだったのだ。

翌一二月二〇日、四人は京成スカイライナーに乗って成田空港入りした。

税関に向かうエスカレーターからは、ヴァリグ・ブラジル航空の女性スタッフがついた。カズの他にも、ブラジルにいる祖父母に二人だけで会いに行くという小学生の男の子と女の子の兄妹が一緒にエスカレーターを降りて行った。

カズは、サンドバッグのような大きな鞄を一つ肩にかけていた。兄の泰年はそのバッグの中にそっと励ましの手紙を忍ばせた。弟のブラジル留学は、泰年にとってもまた寂しくてしかたないことだったのである。

エスカレーターに乗ったカズに向かって、三人の家族は手を振った。カズは、一緒にいた年下の小学生兄妹の手前もあったのだろう、そのまま振り返ることなくエスカレーターで下のフロアーへ下りて行った。

三人はガラス張りの上のフロアーから通関を済ませたカズの姿を再び追ったが、やはりカズは前を向いたまま一切振り返ることをしなかった。

泰年は、その振り向かない一五歳のカズに、弟ながら男気を感じとっていた。

由子の脳裏には、いまなおそのときのカズの後ろ姿が焼きついている。

「どういうふうになっていくのかなあ、今度はいつ会えるのかなあって、あまりいいことは考えなかった。多くは望んでないって言ったらおかしいけど、行ってポルトガル語を覚えてくるだけでもいいんじゃないかと思っていた。人と違うものを持てたら人生の勉強になるからいいんじゃないかとも思っていた。だから、行って成功するなんてことまでは私は考えていなかったんです」

まったく無名の静岡のサッカー少年は、結局まわりから評価らしい評価を受けないまま、プロサッカー選手を目指して、単身ブラジルに渡ろうとしていた。カズがこのとき持っていたものは、「プロ選手になる」という端からみればただ危ういばかりの夢だった。

カズの孤独な戦いはこのときから始まっていた。

第二章

死のロード

ブラジル――1983～87

ブラジルに渡ったばかりの頃。まだ華奢な体格だった。

日本を出たカズは、ブラジルに渡る前にいったんロサンゼルスに入った。日本航空に勤める父親の知人宅に寄ったのである。ロスに一〇日間滞在したのちブラジルに入った。経由地で言えば、東京からロサンゼルスに渡り、その後マイアミ、リオデジャネイロを経てサンパウロ入りしたということになる。

いまでも「飛行機は苦手」というカズは、この東京—ロサンゼルス間の飛行機内で嘔吐している。飛行機に初めて搭乗した緊張感、異国へ移り住むことへの漠然とした不安は一五歳の少年にはあまりにも重すぎたのだ。

ブラジル上空に入ったDC－10の窓側に席をとったカズは、眼下に見える憧れのブラジルの大地を見続けていた。飛行機が高度を下げ始めるとブラジルの町並みはさらにはっきり見えた。そして、その一角にサッカー場があることもカズはしっかりと確認していた。

八二年一二月三〇日、カズはついにブラジルの大地に降り立った。

日本を発つとき、家族の見送りに一度も振り返らなかったカズは、母国の裏側ブラジルに着いた瞬間、後ろを振り返ってしまう。DC－10のタラップを降り、地面に足をつけたとたんに、飛行機が進入してきた方向を思わず見返してしまったのである。

カズが見たのは、日本だった。

「日本は遠い彼方だ。ああ、向こうから来たんだな、って改めて思った。なぜかいまも、その振り返ったってことは覚えているんです」

こののちしばらく、カズの気持ちは、異国のブラジルと母国日本との間で揺れ続けることになる。

カズの受入れ先は、父親の納谷宣雄がすでに見つけていた。サッカークラブ〈ジュベントス〉のジュベニール（一六歳から一七歳のチーム）である。

カズの父親は、新天地を求め、一年ほど前にブラジルに渡ってきていた。

自らの強い希望でやってきたブラジルではあったが、カズはサッカーをする前に早くもホームシックに陥ってしまう。

「着いて二日で日本に帰りたくなった。ジュベントスの寮に入る前の一週間は、東洋人街にある一カ月一〇〇ドルぐらいのすごい安ホテルにいた。一二月三一日の午前九時から、そのホテルで紅白歌合戦を見たんだけど、早くももう日本を懐かしく思ったもの。餅もない夏に、一人でホテルの中で紅白歌合戦を見ていたんです」

カズがブラジル入りしたとき、所持していた金は、わずかに七〇〇ドル（当時のレートで二〇万円足らず）。しかも、帰りのエアチケットは持っていなかった。父親もまた、この頃はまだブラジルに来たばかりで、ほとんど文なしの状態だった。

その後、カズは〈ジュベントス〉の寮に練習生として入る。父親がすでにクラブとの間で、食費と寮費は二年間無償という条件を交わしていた。収入こそなかったが、寝食だけは保証されていたのである。

「寮は決して綺麗じゃなかった。メシは、毎日肉と豆とサラダと米の料理だったけどおいしかった。米も聞いてたほどは全然まずくなかったし、ステーキはやたら大きいしね。行ったときは、一七〇センチ、五三キロだったんだけど、それがわずか二、三カ月で一七四センチ、六二キロになっていたからね。写真送ったら、母さんびっくりしてたもの」

カズがもっぱら食べることになったのは、フェジョンと呼ばれるブラジル特有の豆料理だった。日本のお汁粉のような状態になった豆をライスの上にかけて食べるのだ。この料理が食べられるかどうかで、ブラジルで生活していけるかどうかが決まるというぐらい日常的なものである。

寮には、カズと同年代のブラジルの少年たちおよそ二〇人が生活していた。六人部屋には三つの二段ベッドがあった。

カズのベッドの枕元には、他の少年たちには必要のないものが一つ置かれていた。ポルトガル語の辞書である。

カズがブラジルで一番最初に背負ったハンデは、言うまでもなく、言葉だった。日本を発つ前、カズにはポルトガル語の家庭教師がついていた。静岡大学に留学していたブラジル人である。しかし、カズは、一回挨拶に行っただけで、あとはサボりまくった。結局、カズは一度も授業を受けることなくブラジルへと渡ってしまう。つまり、ポルトガル語の予備知識はまったくなかったのだ。

ただし、ブラジルに着いてからはそうも言ってはいられなくなった。寮生活でも、練習でも、ポルトガル語がわからなければ、まったく話にならないのである。

「着いて、一カ月半ぐらいして、ポルトガル語の学校に週一回か二回通い始めた。学校は日本人のための学校で、東洋人街にあった。寮からは練習が終わってから四〇分ぐらいかけてバスで行くんだけど、日本人に会えるのと、日本の雑誌を売っていてそれを見るのが楽しみだった。だから、練習が終わるとまじめにちゃんと行っていた。夜は暇だったし」

この頃のカズの楽しみはもう一つあった。手紙である。

母もたびたび手紙をもらい、返事を書いた。「自分と同じクラブの選手で、貧しくて栄養失調になったブラジル人がいる。いつも栄養剤もらっているんだよ」と、ブラジルでの生活を描写したものが多かったが、「辛い」と書いてくることはほとんどなかった。本当に悪い状態にいるとき、カズは手紙を出さなかった。

一〇年たったいまも、カズは、〈ジュベントス〉の寮の住所「パドレーハポーゾ515」をはっきり覚えている。

「すごい数の手紙を出した。でも、こっちにもまた辞書が必要だった。日本語の。こういうときに勉強しなかったバチが当たったな、と思った。漢字はすごい覚えた。中学のときの同級生、母さん、女の子とかにも一生懸命書いた。行った頃は手紙が来るのが嬉しくてね。

結局、寮にいる子はブラジルでも地方の子でしょ。田舎に恋人を残してきているのもいれば、お母さんと別れて暮らしてるのもいる。みんなも田舎から手紙がくるのが嬉しい。でも、ダントツに僕が多かった。年間一二〇通ぐらいきたから。僕への郵便だけはすぐにわかった。青と赤の縁があったから。青と赤の封筒があると嬉しくてね。輝いて見えたもの」

郵便配達が寮にやってくる昼の一二時前後、カズは心を躍らせた。

「だけど、出しても返事が返ってくるのに二週間かかるんだよね。どんなに早くても。月曜日に出すと日本に着くのが金曜日ぐらいになる。すぐに返事書いてくれても土曜日か日曜日。そうすると僕に届くのが早くても次の金曜日になる。待ちどおしくてね。あと、ブラジルの郵便局がストになったときは手紙がこないんですよ。それがいやでしたね」

一六歳になったばかりのカズが、異国の空の下で、いかに日本を恋しく思っていたかがわかるだろう。

しかし、その一方で、ブラジル人の同年代のサッカー友達もできた。パウリーニョと、アデミール・サントスである。

「寮から歩いて二分とかからないパウリーニョの家で、まるで息子のようにかわいがってもらった。家族の一員みたいだった。だから、週の半分近くは寮を勝手に出て、パウリーニョの家にいることになった。パウリーニョは本当にいいやつで、いろんなところに連れて行ってくれたんです」

このでサントスは、カズの口ぞえもあって来日し、清水エスパルスに加わることになる。二人ともカズが日本人だからといって垣根を作ることはなかった。カズは二人の友人から、言葉やブラジルの習慣など多くを吸収していった。

ブラジルでの練習は、覚悟していたよりはきつくなかった。

「日本の高校でやっていた練習っていうのは、朝五時半に起きて六時から七時まで朝練やって、午後は三時半から九時ぐらいまでやっていたって思い出がある。ブラジルではそういうのがまったくなくて、内容が濃くて、練習時間が短くて、休みが多い。試合の前日は休みで、試合の次の日も休み。自分が試合に出られなきゃ、土、日、月が休みだった。だから、すごい欲求不満だった。気合いを入れてきたのに、こんな練習じゃダメだ、と思ったもの。だから、一日のうち、あいている時間がすごくあって、それをいかに過ごすかという感じだった。だけど、一年目の寮生活はすごく楽しかった。友達関係も全然問題なかったし」

ブラジルに渡ってすぐに、カズはサロンフットボールと呼ばれる室内サッカーを、パウリーニョとともに始めている。体育館の中で行うミニサッカーだが、ブラジルでは、

「フッチボール・デ・サロン」はサッカーとは別の独立したスポーツとして認められていた。サッカーの練習の合間をみて、毎週夜二回、カズは仲間たちとサロンサッカーに興じた。ほどなく、カズはそのサロンサッカーで高い評価を受けるようになる。

「みんなでやっていたら、ちょうどサロンの監督が見にきていたんです。で、サロンに欲しいと言われて、登録した。だって僕、サロン、目茶苦茶うまかったもの。普通のサッカーよりちっちゃいボールを使ってやるんだけど、何試合か出て、優勝もした。昔のブラジル代表のリベリーノとかはサロン上がりなんですが、サロン上がりの人って器用なんです。でも、サロンを本気でやろうとは思わなかった。僕にしてみれば、これはあくまでもグラウンドのサッカーの練習に過ぎないと思っていた」

広い意味のサッカーでカズが一番最初に認められたのは、このフッチボール・デ・サロンだったのかもしれない。

グラウンドでの通常の練習、語学学校への通学、サロンサッカー、ブラジルの友人たちとの交際。カズのブラジルでの生活は順風満帆かのように思われた。しかし、実際にはそうではなかった。カズは、苦労話をできるだけ隠蔽し、いいこと、楽しかったことだけを人に話そうとする。日本へ出した多くの手紙にも「食事はおいしい、人は優しい」といいことだけしか書かれていない。しかし、言うまでもなく、実際には困難は絶えることなくカズを襲っていたのである。

食習慣の違い、言葉の問題、日本に残してきた友人たちへの思いと、少年をノスタルジックにする材料はすべて揃っていた。そして、何といっても、まわりにいたブラジルの同世代の少年たちからの有形無形のプレッシャーが大きかった。練習をやっていても、紅白ゲームをやっても、カズは常によそものだった。言葉のわからない東洋人にボールを回すぐらいなら、ブラジル人同士で回した方がいいと彼らが考えるのもしかたないのだ。私生活においてもちょっと油断すると衣類や雑誌がくすねられていた。

カズの中にあったブラジルに対する憧憬は、いつしか遠く離れた日本への望郷へと変わり始めていた。ブラジルに渡って二年半、カズを猛烈なスランプが襲っていた。そして、〈ジュベントス〉から〈キンゼ・デ・ジャウー〉のジュニオール（一八歳から二〇歳）に移ったのちの八五年初夏、ついにカズは、ブラジルを捨て日本への帰国を決意するまでになるのである。

カズはもう二度とブラジルに戻ってくるつもりはなかった。

「もうダメだと思った。気合いが入っていなかった。挫折ですよ。ブラジルの生活も、雰囲気も、すべて嫌になった。サッカーでも、ダメだという壁があるんですよ。これはもう無理だという。精神的なものがもうダメだったね。毎日の生活が苦痛だったもの。

キンゼ・デ・ジャウーがあるのは田舎町だったし、やることがなかった」

カズの「ブラジルでプロに」という夢は、ここであわや潰えそうになる。

結局カズは、苦しさのあまり、父親のいるサンパウロ市に二、三日で帰ってきてしまった。それが父親の逆鱗に触れた。根性なしだと思われたのである。

父親はカズに向かって、

「そんな気合いが入っていないやつは、日本に帰れ」

と怒鳴り、カズをふっ飛ばすほどの強いパンチを浴びせていた。本気で父親に殴られたのは、生まれて初めてのことだった。

カズも負けずに、

「じゃあ、帰ってやらあ」

と言い返した。

すでにこれまでに、カズは二回、遠征試合のため日本に帰国している。その帰国時に、カズは全国の少年サッカー教室にインストラクターとして招聘されていた。ブラジルではまだ稼ぐというにはほど遠かったが、日本のサッカー教室からの謝礼で、エアチケット代ぐらいには困らないようになっていたのである。

「エアチケットを買うために、サンパウロ市内の旅行代理店に行った。チケットも手に入れたし、もう本当に日本に帰ってしまおうと決めていたんです」

だが、噴出したカズのサッカーやブラジルに対する嫌悪は、リオデジャネイロに行って、一気にクールダウンする。

それはまったく偶然にこんな光景を目の当たりにしたからだった。

「リオに気晴らしに行ったんです。そしたら午後、公園で、小学生から中学生ぐらいの少年たちが二〇人ぐらいでサッカーをやっていた。それを僕はじっと見ていた。で、その中に、片足でサッカーをやっている子がいたんです。その片足の子が一生懸命楽しそうにボールを追っている。裸足の子も何人かいました。ボールはもう全然汚いボールでね。貧乏な子ばかり集まってやっていたんですよ」

カズは、嬉々としてボールを追う子供たちを目で追いながら、気がつくと自然に自分自身を振り返り始めていた。

「反省しましたよ。楽しそうにやってるな、と思った。僕はサッカーが楽しくなくなっちゃった時期だったんですよね。ブラジルの子供たちを見ながら、自分も小さい頃、公園でサッカーを本当に好きでやっていたことを思い出していた。自分には両足もあるし、スパイクもあるし、いいボールもある。何を贅沢なことを俺は言っててんだろうと思ったんです」

予約した日本へのエアチケットはすぐにキャンセルした。いったんはブラジルでのサッカーに嫌気がさしたカズだったが、結局、ブラジルのサッカー少年たちによって救われたのである。

八三年から八四年秋まで〈ジュベントス〉のジュベニール（一六歳から一七歳のチーム）にいたカズは、その後〈キンゼ・デ・ジャウー〉のジュニオール（一八歳から二〇歳）に在籍する。この〈キンゼ・デ・ジャウー〉のジュニオール時代、カズはサンパウロ州選手権の対〈パルメイラス〉戦に、後半一〇分から途中出場した。つまり、実質的にはこれがカズのプロデビュー戦ということになる。一八歳で念願のプロデビューを果たしたのである。

そして、八六年一月、サンパウロ州の二一歳未満のアマチュア大会「タッサ・サンパウロ」でカズは大活躍する。特に二試合目の後半四四分、〇対一で押されていたときにカズがドリブルで持ち込み、ＰＫをさそって同点に追いつくと、ブラジル人で埋まったスタンドからは初めてのカズコールが巻き起こっていた。ブラジルに渡って丸三年、これこそがカズが最初に浴びたカズコールだった。

こうしたアマチュアでの活躍が評価され、一九歳になる二日前の八六年二月二四日、カズはついにプロチームへと正式に引き上げられる。

契約したチームは、あのペレが在籍していたプロチームの名門、〈サントスFC〉である。

しかし、いざ名門チームに入ったものの、八六年二月から八月までの間にカズはたったの二試合にしか出られなかった。カズのポジションである左ウィングには、ブラジル代表のゼ・セルジオがレギュラーとして居座っていたからである。契約当初は、「日本人がゼ・セルジオのポジションを脅かすことになるかもしれない」とマスコミを賑わしたが、結局それは前評判だけに終わっていた。

そして、ようやく出場できた二回のゲームは、まったくひどい内容だった。〈サントスFC〉は、その前の試合で負けたため、思い切ってレギュラーメンバーを外し、カズを含め五人ほどの若手を投入していた。新布陣で起死回生を狙ったのである。

一試合目の対戦相手は、古巣の〈ジュベントス〉だった。

「一試合目は本当に緊迫した試合だった。相手の右のバックが黒人のすごいうまいやつで、僕はブルってダメだった。一九歳になったばっかりで、サントスというでかいチームに入って、一五分ぐらいから大事に使っていってくれればまだよかったのに、いきなり先発で使われてさ。相手にはドゥンガとかワールドカップに出たブラジル代表は何人もいるし、アガったし、緊張したね。客はそんな入っちゃないんだけど、いいところもまったく見せられなかった。後半一〇分ぐらいで替えられて、終わった後はもうお客さんの僕に対するブーイングがすごいのよ。いいプレーしたときはブラジル人よりいい。でも、失敗したときはブラジル人よりひどいんだ」

それはおそらく、日本のプロ野球でしくじった外国人に対する批判より、何倍も大きなものだったのだろう。大前提として、ブラジルのサッカーに日本人なんていらない、と誰もが思っているのだ。そもそも、日本人がサッカーをやっていること自体、ブラジル人の目には奇妙に映るのである。

ゲームの翌日、カズにはもう一つの試練が待っていた。新聞である。

ブラジルの新聞は容赦なかった。

「次の日の新聞には、カズにはサントスの11番は重かったとか、日本に帰った方がいいとか出た。なにしろ一〇点評価の二点だからさ。ボロカス。悪くたって普通は四なんです。それが二だもの。ショックというよりも、自信をなくした。負けなきゃ叩かれないんだけどね。甘くはないんだなと痛切に感じた。

そのあとちょっと自信を取り戻してきた頃があって、ああ、いま使ってくれれば活躍できそうだなと思うときに全然ベンチに入れないで、寂しい生活を送っていた。それからもうチャンスはこなかった。いま考えれば、一九歳でベンチに七回か八回入って、二試合出られれば結局は十分だったんですよね。でも、その頃はどうしたらいいかなって焦っていた。あの頃が一番しんどい時期だったかもしれない。サントスはやっぱり違うなと思った」

ゲームに出られないカズは、同じようにベンチに入れないプレーヤーたちと、ただひたすら練習を積む毎日だった。

名門〈サントスＦＣ〉で活躍のチャンスをつかめないまま、カズはついにパラナ州の中堅チーム、〈マツバラ〉へとレンタル移籍に出される。カズの指南役でもある父親が、とにかく試合に出なければ力がつかないと判断し、移籍させることにしたのである。

レンタル移籍制度は、ブラジルのプロチームでは非常に一般的に行われている。貸し出しを受けるチームが、貸し出すチームに期間に応じて金銭を支払い、選手を借り出すシステムである。

〈サントスＦＣ〉でベンチを暖める辛さを学んだとしたら、カズはこの〈マツバラ〉で移動の辛さ、環境的なしんどさをいやというほど味わわされた。

ゲームは、パラナ州を含む三州から代表二チームが出て、ホーム・アンド・アウェー方式で一カ月半をかけ、一〇試合が行われた。

この全ゲームにカズは出場したのだが、とにかく移動が大変だったのだ。

「長いときは、バスで、行きに二三時間かけて行ってゲームやって、帰りに二二時間半かかって帰ってくることもあった。バスの通路にクッション敷いて寝て、高速道路のインターでは一日に同じ肉料理を三、四回は食べる。それで、水曜、日曜、水曜、日曜って試合をやっていた。一〇時間で行けるところなんて近いと思っていたもの」

たとえ飛行機を使うときであっても、飛行場まで六時間かけて行って飛行機に一時間乗り、再び飛行場からゲーム開催地まで四時間かかるという具合だった。ゲームはとにかく辺鄙なところで開催されていたのである。

ちょうどその頃、スポーツ・カメラマンの西山和明は、ビーチバレーの第一回世界選手権の取材のためブラジルに渡っていた。その折、ブラジルでサッカーをやっている三浦知良という日本人がいると聞き、ついでに取材をすることにした。

西山は、〈マツバラ〉のこの「死のロード」の一試合に同行した。カズたち選手が乗るバスを、一〇時間にわたってレンタカーで追走し、ゲームを見に行ったのである。

「ブラジルって思ったより道が悪いんです。舗装してあるんだけど、穴ぼこだらけ。目的地のロンドリーナという街に着くまでに、カズたちの乗ったバスは二回もパンクした。

そういうところでした。そこを日帰りで行くわけですからね」

このとき、早朝カンバラ市を出た一行は、試合開始の一時間ぐらい前にロンドリーナに到着、アップをすませてすぐに試合に臨んでいた。しかも、終わったらすぐにまたバスに乗り込み、一〇時間かけて帰ってくるというハードさだった。カズに言わせれば「まだ近い方」の遠征でもこうなのだ。西山は「苦労しているな」と思っていた。

カズにとっては試練のときだった。

「ゲームを終えて、疲れてマツバラのあるパラナ州のカンバラ市に帰ってきても、全然リフレッシュできない。人口一万人の街で、僕は変な汚いホテルのベッド一つの四畳半ぐらいの部屋にいたから。でも、いま思えばそれが訓練になったんです」

カズを始め〈マツバラ〉の選手たちが滞在していたのは、カンバラ市にただ一つある「セントラルホテル」だった。ホテルと言っても、平屋の、アメリカで言うモーテル形式のホテルである。

四畳ほどの部屋には鉄製の最もシンプルでそっけないベッドが一つあり、ベッドの固いマットの上にはカーテンの生地のような布が置いてあった。カンバラ市は内陸部のため蒸し暑く、上にかけるものはそれで十分だったのだ。

西山カメラマンは、遠征に同行する前後、このセントラルホテルに投宿した。

「出発の日、金を払う段になってびっくりした。当時のレートで日本円にして一泊一〇〇円ぐらいだったんです。それも朝食付きで。それぐらいものすごいところだった」

長い遠征からそんな街に帰ってきたときのカズの唯一の楽しみは、ホテルの目の前のバールにあるビリヤードと、街中にあるただ一軒のディスコに行くことだった。

しかし、それでもカズにとっては息の詰まりそうな毎日だった。しかも、そんな田舎街で耐えながら暮らしていても、待っていればいつか道は拓けていくというわけでもなかった。明るい見通しなど何もないのだ。上に這い上がっていくには、ただあてもなく、自分の実力を上げ、いいプレーを見せ続けるしかないのである。

気温四〇度を超える中でのサッカー、ひもで吊るされた裸電球がまわりを取り囲むグラウンドでのゲーム。カズのブラジルでのサッカーは、どん底を極めていた。

〈マツバラ〉での苦しいレンタル期間を終え、翌八七年に古巣の〈サントス〉に戻ったカズに、もうポジションはなかった。〈サントス〉からは、「他のチームを捜せ」と引導を渡された。

一方、〈マツバラ〉は、カズがレギュラーでフル出場した先のこの三州のリーグで優勝していた。〈マツバラ〉はそのままの態勢で州リーグを戦うために、カズの残留を希望していた。カズは〈マツバラ〉と半年契約を結ぶことにした。

その後、カズは南部のパラナ州カンバラ市から二千キロ以上も離れた東部アラゴアス州マセイオ市のクラブチーム、〈ＣＲＢ〉へと移籍していく。

毎年州リーグが終わったあとに開催される全国リーグ・ブラジル選手権に、〈マツバラ〉が出場しないことがわかっていたので、加入できるチームを捜し、全国リーグの三部に出場する〈ＣＲＢ〉に加わることを決めたのだ。

赤道近くの二千キロも離れたチームに、ようやく自分のポジションを確保していることからも、カズがこのときある意味で瀬戸際に立たされていたことがわかる。いや、カズにとっては、ブラジルに着いてからの数年は常に瀬戸際の連続だったのかもしれない。自分の持っている力のすべてを常に出し切ろうとする姿勢はこの時代に身につき始めていたのだろう。

「マツバラとＣＲＢで僕は結構試合に出て、実戦を積めたから自信を持てた。たとえメジャーでなくても、試合はずっと厳しい戦いだったし、そこで経験を積んだことが大きかったと思うんです」

実は、カズに遅れること一年と数カ月、八四年春、高校を卒業した兄の泰年もまたブラジルに渡っている。

静岡学園の主力選手だった三浦泰年は、カズがブラジルに渡る頃、高校選手権をめざして奮闘していた。実際、三浦泰年がキャプテンをつとめた三年生の年、静岡学園は全国大会に出場してもおかしくない強豪チームだった。静岡学園は県大会を勝ち抜き、ついに県大会決勝へと駒を進めていく。最後の対戦相手は、堀池巧、長谷川健太、大榎克己、武田修宏らのちの日本代表選手を抱える清水東高校だった。静岡学園には泰年の他に清水エスパルスに入った向島建もいた。しかし、予想に反し、静岡学園は一対六の大差で清水東高校に敗れてしまう。

「夢だった選手権はダメだったわけです。そのとき、負けた悔しさもあって、カズも行っているし、好きなブラジルでサッカーをやってみたいと思ったんです。ブラジルで勉強すれば、何かヒントがあるんじゃないか、何か盗んで帰ってきたい、と。

ただ、僕はもうその頃、頭が利口になっていますからね。結局、ブラジルで試合に出ることなく、ジュニア（アマ）の時代でやめて、帰国して読売に入った。カズは『プロになるんだ、ダメなら皿洗いでも何でもする』っていうような感覚で行って、向こうでプロになった。そういった二人の気持ちの違いってあるなあ、と思います。ただ、僕は、ブラジル時代の二年間で一試合も公式戦に出られなかった悔しさを、今度は日本で晴らした。それは、カズが日本で相手にされずブラジルに渡ったのと、同じような気持ちなんだと思います」

言うまでもなく、カズには高校選手権出場の実績も、高卒という学歴もなかった。この段階でカズが持ちうるのは、実力で勝ち取る「プロ」という肩書きだけだったのである。ブラジルに渡って以来、カズは常に、一歩でも後退すれば後ろから刃が突き刺さるというような状態で自身を走らせ続けていた。

「向こうの人は、特にサッカーでは日本人をバカにしていたから『違うんだぞ』っていうことを訴えたくて、愛国心みたいなものが生まれた。そこから広がって、文化でも負けたくない、クルマ一つでも負けたくない、メシの一つでも負けたくないって気持ちになっていった。たとえば、『日本の食事はうまいんだぞ、いい国なんだぞ』ってブラジル人に向かって言いたくなる感じです。実際、『なんだ、あんなスキヤキなんてゴキブリみたいな食べ物』って言われたこともあったしね」

そんな思いを持つ一方で、ブラジルに渡った当初、カズの中にあった「仮想敵国」はニッポンでもあった。

「別にライバルって思う人はずっといなかったけれど、(仮想敵国と言われれば)日本の選手に対してはあったかもしれない。日本では認められなかったっていう部分があったから、ブラジルに行って成功して、日本の選手や評価してくれなかった人を必ず見返してやろうって気持ちがあったんです」

カズは目の前にいるブラジル人だけでなく、目に見えぬ敵である日本人たちとも戦い続けていたのだ。そして、それもまた、カズにとっては浮上していくためのバネとなっていたのである。

八八年二月、カズに新たなるステップアップの機会がやってくる。〈ＣＲＢ〉でレギュラーとして大活躍したことによって、こののち〈キンゼ・デ・ジャウー〉の監督から声をかけられるのである。

かつて、そのジュニオールに所属したこともある名門〈キンゼ・デ・ジャウー〉のトップ、つまりプロチームと正式に契約したのだ。

カズ自身が「僕を語るときに親父が出てこなかったら成り立たない」と言うように、ブラジルでのカズと父親は、二人三脚で道を開拓してきたと言ってもいい。カズより一年早くブラジルに渡っていた父親は、ブラジルのサッカー界と日本のサッカー界をつなぐパイプを築きつつあった。そして、〈キンゼ・デ・ジャウー〉は、その父親が強い影響力を持つチームだった。

カズ自身には実力がつき始め、父親は父親でまた、ブラジルサッカー界で着実に地歩を固め始めていた。カズにとってサッカーをする環境がようやく整いつつあったのである。

ブラジルに渡って以来、父親はカズに対してチャンスというパスを与え続けた。そして、カズはそのパスを全身できっちりトラップし、さらに前へとつないでいったのである。

第三章
喝采
ブラジル――1988～90

90年2月、4年ぶりに〈サントスＦＣ〉と契約。

〈キンゼ・デ・ジャウー〉に入る三カ月前、八七年一二月にカズは一時帰国している。そのときカズは、周囲の人に次のような悲壮な決意を漏らしていた。

「これでブラジルに帰ったらサンパウロ州選手権に出ます。レギュラーでやってダメだったら僕はサッカー選手としてダメかもしれない。ただ、キンゼ・デ・ジャウーで成功すれば、僕は大丈夫かもしれない。来年が勝負の年なんです」

そして事実、カズの本当の意味でのサクセスストーリーは、この〈キンゼ・デ・ジャウー〉に入ってから始まるのである。

「この年は勝負の年になるっていう予感があったんです。今考えるとよくそんなことがわかったな、と思うけど」

〈キンゼ・デ・ジャウー〉は、サンパウロ州一部リーグのチームだった。サンパウロ一部リーグのチームには、ワールドカップを経験したブラジル人選手がゴロゴロいた。ということはつまり、カズもまたそういう一流どころと対戦し、一緒にプレーできるということだった。そして、それはカズの才能を大きく伸ばすチャンスでもあった。

八六年二月に、〈サントスFC〉との間で初めてのプロ契約を結んで以来二年間、カズはまったく得点を記録していない。プロになってから、まだ一度もゴールを決めていなかったのだ。

そのカズにチャンスが巡ってきたのは、〈キンゼ・デ・ジャウー〉と契約した一カ月後の、八八年三月一九日のことだった。

「それまで一点も入れてなくて、いつ取るかって言われてた。でも、一番いいときに入れたんです。相手はコリンチャンスで、ブラジル全土にテレビ中継された州選手権の試合。そりゃ目立ったよ。だって、それですごい有名になったもの。そのとき僕のマークについたのは、八六年のワールドカップ・メキシコ大会でブラジル代表のエジソンだった。僕が彼を結構チンチンにやって、フェイントで抜いて尻餅つかせた。で、それが翌日の新聞にでっかい見出しで出たんです。ブラジル代表が日本人にやられて尻餅ついたって」

対戦相手は、〈キンゼ・デ・ジャウー〉と同じサンパウロ州のチームで、人気の高い

〈コリンチャンス〉。全国放送されるほどの好カードだった。〈コリンチャンス〉には、ブラジル代表選手が三人、元代表も一人いた。その〈コリンチャンス〉相手に、カズは鮮やかなヘディングシュートを決めたのだ。これが決勝ゴールとなって、〈キンゼ・デ・ジャウー〉は勝利をおさめる。そして、これこそがブラジルのプロチームにおける日本人による初ゴールだった。

「日本人で初めてというよりも、僕自身がプロになって初めて入れたゴールということで嬉しかったんです」

ただ一方で、このブラジルでの初ゴールによってカズの中では新たな不安も生まれていた。この初ゴールの二カ月あと、カズのマネージメントを引き受けていた鈴木幹治がカズのもとを訪れている。鈴木はこれより二年前の八六年五月、十代のカズと出会い、以来日本におけるカズのプロモーションを行っていた。

短い滞在だったが、鈴木は初めてカズとゆっくり話す機会をもった。ジャウー市の郊外にあるカズの友人宅で夕食をとったあと、鈴木とカズはその知人宅の庭のテニスコートに散歩に出た。プールを備えた豪邸だった。

南半球の空を埋め尽くすような満天の星の下、カズは鈴木に対して珍しくこんな弱気な言葉を吐いていた。

「自分がこの先本当にやっていけるのか、ときどき不安に感じることがあるんです」

鈴木がこのときのことを振り返る。

「それまでは実績がなかったけれど、得点したことでやっていけると感じたんだと思います。ただ、得点をしたがゆえに、その自信とは裏腹に不安も出てくる。当然のことです。これは、上りつめていく過程の中での上質のプレッシャーです。そんな自信と不安を話し合った」

カズ自身はこんなふうに言う。

「得点をすれば、そのあとも入れて当然と思われていくようになる。そういうのを背負うと不安も出てくる。あのとき点を入れたことによって、自分はもっともっと上へ行きたいと思ったし、ファンの期待がふくらんでいく中で、自分が耐えていけるかという不安もあった。自信はあってもね」

八八年九月、カズはサンパウロの〈キンゼ・デ・ジャウー〉から、パラナ州の〈コリチーバ〉へと移籍する。〈コリチーバ〉はパラナ州のクリチーバ市を本拠とし、州内で最も伝統のある人気チームだった。

移籍直後の一〇月のゲームで、カズは、ブラジルのスーパースター、ジーコから声をかけられている。ハーフタイムのときだった。

「握手したら、『スセッソ』って言われた。頑張っているね、成功しているね、って感じだったと思う。僕はよく覚えている」

一方のジーコは、カズに声をかけたことを直接は覚えてはいない。当時、名門〈フラメンゴ〉にいたジーコは、鹿島アントラーズの外国人助っ人としてチームを牽引している。

ジーコが物静かに言う。

「私の立場からすると、カズだけじゃなく、若い選手を元気づけてやるっていうのも一つの役目だった。私の言う一言が、結構価値があるというのは自覚していました。だから、常に声をかけることを心がけていて、カズにもそうしたんだと思います。カズはただ一人の日本人だったし、観衆もまわりも彼に興味を持っていたしね。カズがそれを覚えていたっていうのは非常に嬉しいです」

八八年一一月一一日付けのブラジル日系新聞「日伯毎日新聞」は、カズとジーコ（記事中ではジッコ）が出会ったこのときのゲームを二人の写真つきで次のように報道していた。

（前略）カズは、前試合の〝赤札〟で出場できなくなったポンタ・ジレイタ、マルニョ・カリオカに代わって、11番で登場した。ジッコはフラメンゴのメイア・エスケルダである。直接攻守のプレーでからみ合う場面は少なかったが、カズは感慨無量だったにちがいない。

フラメンゴというブラジル一の人気チームを迎え、コリチバの競技場は五万五千余の観衆で満員。今季コッパ・ウニオンの〝レコルデ〟と発表された。カズの地元での人気は、飛び切り高い。ボールを受けて、ドリブルで相手方に攻め込むと、たちまちカズ・コール。つまり、「カズ、カズ」の〝大合唱〟が起きる。試合中途、守りのミスを犯（オカ）して、フラメンゴが2×1にした場面では、フラメンゴの応援団（オニブス三十台を連ねて、クリチバ入りしていた）が、「カズ」の大合唱を奪いとって、ひやかした。得点はしなくても、好パスを出す。巧妙なドリブルをやるので、「ジャポネス・ガリンシャ」の異名をもらっている。活躍の場がふえれば「ジャポネス・ガリンシャ」の名は全伯的に知れわたるだろう。

クリチバ市の日系人はさほど多いとはいえないが、コリチバがカズを迎えたことによって、競技場内ではめだつようになった。肩身が広い思いをしている。カンポのラインからこぼれ出たボールをカズが拾いに行くと、近いところにいる観衆は総立ちになって、ワアーと騒ぐ。日系人の顔は、それで面をほどこして、くしゃくしゃになる。クリチバにおける「カズ効果」は、これからもっと出て来そうだ。

（原文ママ）

いかにブラジルの日系人たちがカズに期待していたかが端々から伝わってくるような記事である。

ブラジルの日系新聞はこのゲームに限らず、カズの活躍ぶりを連日書き立てていた。日系人にとって、ブラジルのサッカーシーンで活躍し始めた日本人が誇りでないはずがなかった。

カズの生活は、この頃から一気に軌道に乗り始める。

それはたとえば、収入面においてもそうだった。ブラジルに来た当初は、バス代程度しかもらっていなかったカズが、この頃には、月二千ドル、日本円にしておよそ月三〇万円弱の給料を取るようになっていた。〈コリチーバ〉ではトップクラスの金額だった。試合に勝てば、さらに五〇ドルから五〇〇ドルの間でボーナスが支給された。

ただ、激しいインフレが断続的に襲い、給料は自動的に目減りしたりした。デノミも行われ、さらにブラジルの通貨の名称もクルゼーロ、クルザード、クルザードノーボ、再びクルゼーロというように実にめまぐるしく変わった。給料はインフレ率に合わせて三カ月に一回修正されることになっていたが、五〇パーセントのインフレ率が当たり前の国においては、自衛が必要だった。

そんな不安定なブラジル経済の中で、金銭感覚の鋭いカズは、楽しむかのようにたくましく暮らしていた。

「クルゼーロで給料をもらうとすぐにドルに替えに行く。ヤミのところに。クルゼーロはもうどんどん落ちるから、みんな持っていない。ドルは安定しているから、毎回ドルに替えに行った。一〇〇ドルだろうが、二〇〇ドルだろうが」

カズは、月々の給料からかなりの額を貯蓄に回した。

「半年ぐらいで一五〇万円ぐらいたまってさ、すごく嬉しかった。だいたい普通はそんなにはたまらない。で、二日に一回ぐらいは、夜になるとそのためたお金を数える。簞笥の奥に入れていた。一〇〇ドル札ちょうど一〇〇枚で一三〇万円とかでしょ。ちゃんと一〇〇枚あるかどうか調べる。それが段々厚くなっていく。それが嬉しいんだ。

いまは、お金をたくさんもらえるようになったけど、そのときは何百万円稼いだっていうのが嬉しくて。それも、ブラジルでっていうのに、僕はすごく価値があると思っていたから」

一〇〇枚の一〇〇ドル札は、いわばブラジルにおけるプロサッカー選手カズの証明だった。カズは、一〇〇ドル札を数えながら、ブラジルのプロで活躍し始めた自分を確認し、自身で称えていたのだろう。

プロで頭角を現し始めたこの年の終わりに、カズはブラジルで最も権威あるサッカー専門誌「プラカー」で高い評価を受けた。その年に行われたすべての公式戦を対象に個々のプレーを採点して平均点を出し、ポジション別ランキングを決めるのだ。

「僕は左ウィングの三位だったのかな。たしか平均六・四くらいだった。嬉しかったよ。行った頃にさ、『プラカー』見て、こんなのに出られるわけないよな、と思っていたから。出ているのは有名な選手ばかりじゃない。ジッコ（ジーコ）とか、左のウィングでも、ゼ・セルジオとかさ。自分が日本にいたときに憧れていた選手ばかりで、そういう雑誌に自分が出られたってだけで嬉しかったね」

カズはもはや、本場で活躍する「珍しい」日本人ではなかった。ブラジルの少年や若手選手が憧れ、先輩のブラジル人たちが脅威に感じる、一人のれっきとしたプロ選手だった。

クリチーバの街を歩けば、少年たちが「カズー、カズー」と寄ってきた。クリチーバの街でカズを知らない人間はまずいなかった。

カズは勝負に出たこの一年間で見事にジャンプアップを果たしていた。

「八八年が終わったときに、本当にいい勝負の年だったと思った。八カ月まるまる水曜、土曜、水曜、土曜というスケジュールの選手権を通してやったことですごい自信がついた。相手をしたのは現役のジッコ（ジーコ）とかベベットだったし、五万人という観衆の中でやっている快感もたまらなかった。この年から自分の中でKAZUって名前でやっていける自信がついた。この年は転機だった」

長い下積みを経て、ようやくカズの未来は拓け始めようとしていた。

それでもカズの中でハングリーな気持ちは持続していた。

「あの頃はまだ、自分に敢えてプレッシャーを課すことすら考えていなかった。いつかマンションなんか買えたらいいなあ、でも買えるわけないよなって感じで、とにかく毎日がむしゃらに、毎試合毎試合出るしかないって思っていた。本当に前向きだったんです」

カズは相変わらず練習に対して貪欲だった。フィジカルトレーニングを休みなく繰り返していた。グラウンドでチームの練習メニューをこなし、そのあと自主的に筋力トレーニングを行うのだ。カズの肉体はこうした鍛練の連続によって作られていった。ディフェンダーの厳しいマークにもかかわらず、カズが絶妙のボディバランスでボールをキープできるのも、トレーニングの積み重ねがあってのことなのである。

翌八九年、再び〈コリチーバ〉と契約を交わすのだが、カズはこの年の四月、大きな交通事故を起こしていた。

試合を終えたカズは、日本人の友人とともに愛車フォード・エスコートでサンパウロ市へと向かった。エスコートはカズがブラジルで買った初めての新車だった。それまでに乗っていたフィアットとシボレーはいずれも中古だった。このことからもこの頃を境にカズの生活は変わりつつあったことがわかる。

サンパウロ行きの目的はカラオケだった。カズはこの頃からカラオケが大好きだった。カズの住むクリチーバ市は、経済的にも比較的豊かで泥棒の少ない大都市だったが、残念ながらカラオケはなかった。クリチーバ市からサンパウロ市までは、三八〇キロもあった。とばして四時間半という道程である。

事故はその道中で起こった。

「サンパウロまではすごい山道だった。その真ん中で死にそうになった。雨が降ってきたのに結構調子にのって走っていた。そしたら、前にトラックがいて、曲がり角で、ああ、このまま行ったらトラックの下に入っちゃうな、と思った。で、ブレーキ踏んだらもうきかなくて、幅一メートルぐらいの溝に片輪だけはまって、ワーっと何メートルも滑ってしまった。タイヤとボディの間に岩が入って後ろのタイヤはパンクするし、前輪の軸は曲がっちゃって。自分たちでクルマ持ち上げても上がらないから、走ってきたトラック止めて紐を結んで上まで引き上げた。そこではもう何人も死んでいるんです。コリンチャンスのサッカー選手もこのあと同じところで死んだしね。僕も、もし反対側に滑ってたら土手から何メートルか下に落ちてしまっていたと思う」

幸い二人とも怪我はなかった。しかし、すごかったのはそのあとだ。カズは傷だらけのクルマを操り、サンパウロに向かったのだ。

「タイヤを取り替えて、そのままサンパウロのカラオケに行った。クルマはキイキイと音がしてたけど、僕たちはちゃんと歌ってきた」

カズにはこういう鷹揚なところがある。

八五年頃に感じていたサッカーやブラジルに対する嫌悪感はもう微塵もなくなっていた。カズは長いトンネルを自力で抜け出たのだ。

寮時代に比べると、カズの生活はずっと自由になっていた。アパートから〈コリチーバ〉のグラウンドまではクルマで五分という近さである。

「この頃は、日本人の留学生三人と一緒に暮らしていた。僕のマンションで面倒を見ていた。そいつらが書いたメニューをもとに、市場に僕がその日の夕食の材料を買いに行って、で、彼らが作るという毎日だった。ブラジル人の男友達、女友達もたくさんできて、よく一緒に遊びに行った」

この頃になると、カズは、ほとんど全試合に出場するようになる。ブラジルのサッカースタイルは、実戦の中でカズの体にたたき込まれていった。

四得点、五アシスト、二PKというカズの貢献もあって、〈コリチーバ〉は、ブラジル選手権三位、パラナ州選手権優勝という見事な成績でシーズンを終えていた。

カズのもとには、翌年の契約をめぐって、さまざまな話が飛び込んでくるようになる。その一つがイタリアだった。いま、世界で最もレベルの高いリーグとされるのは、イタリアのセリエAである。オランダやブラジルをはじめ、各国のトッププレーヤーは高額の契約金でイタリアのチームと契約している。カズにもそのイタリアから食指が伸びてきたのだ。

「イタリアのリーグじゃなくて、イタリア人のバイヤーが権利を買いにきたんです。古いところではファルカンとか、あるいはミュートンっていう中盤の選手をイタリアのセリエAに売ったことのある仲介人だった。だけど、僕のところに来たときは、その人の人脈が落ちているときだったんです」

提示額は、もう一人のブラジル選手との抱き合わせで一〇〇万ドル。日本円にしておよそ一億二千万円。多少ブラジル選手の方が高かったから、カズへの提示額はおよそ五千万円だった。

「親父が来て、イタリアのラジオ局の友達とかにその人のことを調べてもらったりして、ちょっとやめた方がいいんじゃないかってことになった。契約してもイタリアに行けるという保証はない。仮にイタリアに行けても二部、三部になる可能性もあるし。そりゃイタリア人のバイヤーだから、イタリアへ行ける可能性は広がる。でも、その人に任せるのはちょっと危険だなと僕も思った。そこら辺読まないと大変だね。ちょっと怖かった」

同じ頃、日本の読売サッカークラブからも声がかかった。

八九年一一月、カズは読売サッカークラブと最初の接触を持つ。読売サッカークラブのスカウトマンが、わざわざブラジルまで来て交渉にあたったのだ。スカウトマンはカズに対してこう言った。

「来年(九〇年)夏のJSLカップの前に日本に戻って来て欲しい。一緒に日本のサッカーを変えよう」

　しかし、ブラジルで着実に地歩を固め始めていたカズの心は、このときはほとんど動かなかった。カズはむしろブラジルのリーグ内でのステップアップを考えていた。

「コリチーバにいて、また次もサンパウロ州のでかいチームに行きたいと思っていた。クリチーバ市はたしかに大きいけど、サンパウロとかリオのチームっていうのは、また違うんです。サンパウロの五大チームとかリオの五大チームっていうのは、超メジャーなんですよ。そこに行きたいと思っていた。とにかく試合に出たくてしかたなかった」

〈コリチーバ〉側は当然のこととしてカズの慰留工作に出た。しかし、このとき〈コリチーバ〉は、試合キャンセル問題の裁判を抱えていて、全国選手権には出られないことになっていた。

　カズに食指をのばしてきたチームは三チームほどあった。カズ自身はリオデジャネイロの大きなチームに入って活躍したいという意向を持っていたが、結局、翌九〇年二月、〈コリチーバ〉からサンパウロ州の〈サントスＦＣ〉へと移籍する。このとき監督を務めていたのは、のちに読売サッカークラブの監督となるぺぺである。

〈サントスＦＣ〉はカズにとって思い出深いチームだった。八六年に在籍したとき二試合しか出られず、新聞で「カズには11番は重かった。日本に帰った方がいい」と揶揄されたチームだったからだ。

「結果的にサントスを追い出されてから、僕は絶対もう一回サントスでやりたいと思っていた。そりゃ追い出されたときは、冷たいなと思ったよ。でも、役員の中にはすごくかわいがってくれた人もいたし、立場的にどうしようもなかったんだなって思ってた。僕が力をつけて戻ってくればいいんだと、ずっと思ってた」

何かにつまずいても他者のせいにはしない。これはいまに至るカズの一貫した姿勢だ。失敗したのは自分に力がなかったからだ、と自分自身に鞭を入れるのである。異国での厳しいコンペティションの中で、問題は常に自分に対して問うというクセをつけていた。

九〇年のサンパウロ州選手権では、開幕当初こそスタメンを外されていたが、ほどなくカズはレギュラーポジションを確保する。

この年のカズは絶好調だった。とにかく体のキレが抜群によかったのである。

そして、九〇年四月二九日の対〈パルメイラス〉戦と五月五日の対〈グアラニ〉戦で、カズのブラジルでのサッカーはひとつのピークを迎える。

まず、四月二九日、左ウィング11番のカズが上げた一得点一アシストによって、〈サントス〉は二対一で〈パルメイラス〉を下した。

翌日の新聞は、スポーツ紙から一般紙に至るまで、一面でカズの活躍ぶりを伝えていた。カズにとっては、まさに至福のときといってもよかった。

「でっかく一面に出ていて、自信ついたよね。あと、ブラジルに行ったときから見ていた『グローボ・スポルチーボ』というスポーツ番組で、初めてその週のナイスゴールに選ばれた。二十何州全部のベストゴール。勲章だった。嬉しかった」

カズの活躍によって、ブラジル人の日本人を見る目は変わった。カズが行った当初、「下手」の代名詞として使われていたジャポネーズの汚名を返上したのだ。いや、それどころか、「カズー」が日本人の代名詞にさえなってしまったのだ。

ブラジルに渡ったばかりのときに他の選手から受けたプレッシャーは、そののちカズのプレーが輝けば輝くほどいっそう激しくなった。日本人が一人出場することによって、ブラジル人が一人はじき出されるのだ。しかし、チームを勝利へと導くカズを、もはや誰も引きずり下ろすことはできなかった。

わずか四年前、一九歳で観衆からブーイングを浴びていた青年が、ブラジル人の日本のサッカーに対する見方をたった一人で変えてしまったのである。

この試合のあと発行されたブラジルのサッカー専門誌「プラカー」の表紙は、カズのゴールシーンの写真で飾られた。カズはいまなお、このときの「プラカー」を大切にしまっている。カズにとってそれは、言葉では表せないほど嬉しいことだった。

一週間後の五月五日、今度は地元サントスで〈グアラニ〉とのゲームがあった。〈サントス〉にとっても、〈グアラニ〉にとっても大切な試合だった。勝った方が準決勝リーグに進めるというゲームだったのだ。

「カズー、カズー」という「カズコール」の大合唱がサントス・ファンの間で繰り返し湧き起こっていた。スタンドの誰もが一週間前のカズの活躍を知っていた。「KAZU」と書かれた旗が大きく左右に振られる。カズの加入によって、チームの調子はぐっと上向きになってきていたのだから、応援にも熱が入る。日本人スポーツ選手が異国に乗り込んでいき、ここまで声援を受けたことはかつてなかったに違いない。カズはもはやサントスの英雄だった。

この日もカズはファンの大声援にキチッと応えた。

「大事な試合だった。結構そういう場面で強いのかもしれない。この日、ちょうどフジテレビの『スーパータイム』の人が来ていて、シュート入れるところを目の前でたまたま撮っていた。そしたら、シュートの瞬間、カメラマンの横にいたディレクターみたいな人が興奮してグラウンドの中まで入ってきちゃって、その人は退場になっちゃった。だって、その人チームの人と一緒になって喜んでいるんだもの」

熱狂のゲームは一対〇で〈サントス〉の勝利に終わった。決勝点はカズのゴールだった。

サッカーのプレー中には、ひどく体が重いときと、信じられないぐらいに軽く動いて、ある種「ハイ」になっているような状態があるという。カズにとって、この対〈グアラニ〉戦は、まさに後者だった。

「ブラジルのウィングっていうのは、相手ディフェンスのサイドバックに最後までついていく。だから体力がすごくいるんです。このときは、それをやっても全然疲れなかった。練習じゃもう疲れちゃってたまらないんだけど、疲れない。しかも、なにも怖くない、怖いものがない。お客さんに対しても、体力的にも、技術的にも、何に対しても向かっていけた。失敗してもどうってことないって気持ちで進んでいけるし、実際、そういうときは失敗しない。『この試合に負けたら終わり』っていう試合が、やっぱりハイになりやすいですね。そういうときは一〇〇パーセントっていうよりも、一二〇パーセントの力っていう感じなんです」

カズの才能は、異国ブラジルの地で光り輝き始めていた。大事なゲームで、ブラジル人サポーターの期待を一身に背負い戦う東洋人の評価は高くなる一方だった。ただし、それは相変わらず、かつてそうであったように、もし失敗すれば何倍もの反感となって返ってくる両刃の剣でもあった。いまカズから滲み出る自信は、こうしたプレッシャーの中で築かれてきたものなのである。

一方、日本のサッカーチームからの誘いも相変わらず止むことはなかった。

しかし、カズの気持ちの中では、ブラジルを去らなければならない理由は何一つとしてなかった。生活は安定していた。人間関係も問題なかった。二三歳のカズのプレーは生彩に満ちていた。

カズはブラジルのプロチーム、〈サントスFC〉にとって、なくてはならない選手に成長していた。しかしカズは、〈サントス〉との契約をこの年の夏、つまり九〇年七月までしか結んでいなかった。

〈サントス〉とのこの時期までの契約は、ある意味で日本に帰国するための布石でもあった。名門〈サントス〉を踏み台にして、日本のチームに加入するという青写真を、父親・納谷宣雄が描いていたからである。

「ブラジルの新聞に『カズは日本の読売というチームから莫大な金で誘われている。ヨミウリかサントスか』っていう記事が出た。サントスのファンは、『カズはサントスに残らなければならない』って言ってくれた。すごい迷った。そのときは正直言って日本に帰りたくなかった。ブラジルでの生活はおもしろかったし」

この時点でカズは、九二年の冬が一応の帰国の目安だと考えていた。

「ワールドカップの予選が始まる前だし、いいんじゃないかと思ったんです。やっぱり外国でプレーしながら、日本代表として日本に帰ってくるのが一番ベストかなと思っていた。いまもときどき、あのままブラジルにいたらどうなっていたかな、ブラジルはブラジルでまた違う地位を築いていたんじゃないかなあ、と思うこともあるんです」

しかし、読売サッカークラブからの勧誘は執拗だった。

八九年一一月、九〇年二月、そして同年六月と、三回にわたって交渉のためスカウトマンがブラジルを訪れた。

結局カズは、九〇年七月、七年半にわたって暮らしたブラジルと訣別し、帰国することを決意する。

カズの父・納谷宣雄は、日本にいる弟の納谷義郎に対して、「やっとここまできた。一つ終わったな」といった内容の手紙を書き送っている。

一五歳でブラジルに来た息子が、トップチームの〈サントス〉で活躍するようになり凱旋帰国を果たせる、ようやく成人させることができた、という達成感があったのだろう。

第四章
帰郷
東京——1990〜91

90年7月、帰国。読売クラブに移籍した。

ブラジルを離れるにあたってカズがこだわったのは、日本のサッカー関係者が自分をどう評価しているか、ということだった。カズへの提示額は、レンタル料と年俸合わせて五千万円以上だった。当時としては、破格の金額だった。

「すぐ野球との比較になっちゃうけど、サッカーでいままで五千万円払うなんてないでしょ。でも、僕はそれに、ものすごく不信感というか満足しない点があった。僕にはブラジルのプロの実績がある。野球では高校生が甲子園の実績だけで契約金を八千万円も一億円ももらえるのに、何で僕はもらえないのだろうというのがあった。それは、払えるか払えないかではなくて、払う方の理解の問題なんです。

『あなたの価値は高いと思うけど、この状況では払えない』って言い方をされればわかる。まあ、あの時点ではサッカーの五千万円って、野球で言えば一億円以上の価値はあった。たとえば、日本のアイスホッケーで五千万円もらっていたらすごいでしょ。その価値観は、スポーツによって全然違うじゃない。そういう意味で、『あなたは五千万だけど、野球で言えば一億以上の価値はある』って言ってもらえれば、それでいいんですよ。その辺が大事だった」

カズのこだわりは、金だけではなかった。

大切なのは、ブラジルのプロで活躍したというプライドにきちんと応えてくれるかどうか、だったのだ。

しかし実際には、ブラジルのプロチームで活躍したという実績、ブラジル代表の選手たちと伍して戦っていたということの重さは、日本ではあまり認められていなかった。認められていなかったというよりも、ピンとこない人が多かったのだ。

日本にプロサッカーが存在していない以上、プロの世界にいた選手の評価の仕方もわからなかったのである。

したがって、古手の日本のサッカー関係者の中には、「どこまでできるかわからないやつに五千万も払うなんて」といった妬みの類いが根強くあったりもした。

九〇年七月二七日、カズは、ブラジルを離れた。

最初にブラジルに入国したのは、八二年の一二月だったから、八年近くブラジルにいたことになる。一五歳の坊主頭のサッカー少年は二三歳になり、プロ選手という勲章を持って日本に帰ろうとしていた。

カズは当時、こういう気持ちだった。

「金銭的なことも多少あったでしょうし、全日本（日本代表チーム）のこともあったでしょう。ただ、ブラジルでも毎年毎年、僕はチーム変わっていたでしょ。読売に入るのもそれと同じようなノリだった。それにやっぱりどうせ帰るなら、自分がブラジルでいいときに帰ってきたかった、みんなに惜しまれているときに帰ってきたいなっていうのもあった。自分自身の自信としてもね」

一方で、カズは、帰国することによって果たさなければならないある役割が出てくることも意識していた。

「ブラジルでやってきたということで、みんなの期待が大きいでしょ。ある意味で、日本のサッカーを変えられるか変えられないかっていう、責任感とかプレッシャーっていうのもあった。日本のサッカーを盛り上げられるかっていうね」

読売クラブから誘われたときも「日本のサッカーを一緒に変えていこう」という口説

き文句があった。カズは日本のサッカーの変革期になくてはならない選手だったのである。

事実、こののちずっと一般の人々は日本のプロサッカー＝カズという構図でとらえていくようになる。カズというわかりやすいスターの存在は、サッカーにあまり馴染みのない人をも引きつける、大切な導火線でもあった。まさにカズは、日本のサッカーがプロ化していく上での尖兵だったのである。

カズの帰国によって、日本のサッカー界には初めて「世界」が持ち込まれようとしていた。そして、事実、カズの存在によって日本のサッカー界には風穴があく。

たとえば、カズはJリーグのチェアマンを務める川淵三郎に対しても遠慮なく意見した。

「カズは何かあると、一番実行してくれそうな僕に直接言ってくる。たとえは、『勝ったら日本代表に対してボーナスをもっと出すようにしてください』といったようにね」

それはたとえば、新聞記者などに対してもそうだ。間違った記事があれば、書いた記者に正面から抗議した。カズのメンタリティは、ある意味で西洋社会のそれだった。イエスか、ノーか、明確なのである。それは、もしかすると日本人にとっては馴染みにくいものなのかもしれないが。

あるいは、ブラジルでは当たり前だった用具係を置くことを、チームに対して要求したりもした。カズの持論はこうだ。

「僕は、選手も、フロントも、マスコミも、審判も、グラウンドも、環境も、すべてのレベルを上げたい。用具係は用具係でプロ、芝生係は芝生係でプロ、選手を扱うマネージメントもプロ。時間がかかると思いますけど、そういうものすべてが、上がっていくのが理想だと思っているんです」

カズには、自分が突破口になってサッカー界全体を向上させていこうという覚悟があるのだ。それは人によっては、ときに生意気ととられるものなのかもしれないが、それでもカズはおかしいと思うことははっきりと主張した。カズが主張することによって、結果的に他のプレーヤーの環境も向上するのである。

「日本のサッカーって、いまはここまできたけど、僕が帰ってきたとき、新聞に出た契約金三千万円、五千万円っていう金額だって当時は異常だったんですね。一年前とか、一年前といっても、いまとはまったく違う状況だったから、そんな金額は日本のサッカーではちょっと考えられない数字だったんです」

カズの帰国で日本のサッカーのプロ化に弾みがつこうとしていた。

雑談の中でカズがこんなふうにたずねてきたことがあった。

「もし、僕が日本に戻ってきてやっていなかったら、日本のサッカーはここまで盛り上がっていたかな。どう思いますか？」

これを聞いたとき、ああ、カズ自身は日本のサッカーの牽引役を自負し、日本のサッカーのイメージリーダーとしてやっていくことに、まったく負担は感じていないのだな、と思った。

しかし、九〇年七月に帰国したカズが、早々に活躍し始めたかというとそんなことはない。

まず、日本とブラジルのサッカーのさまざまなスタイル、リズムの違いに苦しんだ。カズの父親がブラジルから読売クラブに送り込んだ、カルロス・アルベルト・ダ・シルバ監督との相性もよくなかった。ブラジルであれだけ活躍したカズが、日本では控えに回されたりもした。

カズは、自分の歩みをこんなふうに振り返る。

「日本に帰ってきて最初はちょっと大変だったけど、だんだん慣れてきたし、しばらくしてからはよくなった。ブラジルに行ったときは苦労したし、ブラジルのプロになったときも大変だった。日本に帰ってきたときが一番しんどいだなんて、そのときは思わなかったけど、実はあのころが一番大変だったのかもしれない」

読売クラブ育ちでヴェルディ川崎で活躍する都並敏史は、当時、途中交代させられたカズから、

「俺悪かった？　そんなことないですよね」

と、いく度となく問われていた。

「読売に入って一年目の年、カズはカルロス・アルベルトからいろいろ言われて、それをすごく気にしていたんです」

また、ゲームに出ても、スタイルの違いゆえ、一時はカズのところにパスが回ってこないこともあった。奔放にふるまっているようなカズだが、それなりに日本のスタイルに合わせるところもあったのだ。たとえばそれは、カズが、ブラジル留学から帰ってきた後輩に向かって、

「お前、ブラジルのサッカーをそのまま日本でやればそれでいいってものじゃない。日本のチームに合ったプレーってあるんだよ」

と諭したりすることからも察することができる。

それはとりもなおさず、カズが日本のスタイルに合わせるのに苦労したということだ

った。一五歳でブラジルという異国のカベにぶつかったカズは、再び日本で「異国」のカベにぶつかっていた。

技術的にどうこうというよりも、それはあくまでもサッカーの質、スタイルの問題だった。

カズの人生が転換点を迎えるのと同時に日本のサッカー界も大きく動き始めていた。日本サッカーのプロ化への動きは、八八年三月、日本リーグ内に第一次活性化委員会が設置されたことから始まり、カズが帰国した九〇年七月には、ほぼその骨子ができあがっていた。

すでに日本リーグに所属するチームを中心に、二〇団体からプロリーグへの参加希望が寄せられていた。もちろんその中にはカズが契約した読売サッカークラブも含まれていた。

プロリーグ入りをめざしていたフジタ、日立、そしてヤマハは、検討委員会から与えられたいくつかの条件を満たすことができず、初年度はとりあえず断念した。

翌九一年二月、最終的にJリーグに参加する一〇チームが発表された（カッコ内は母体となった企業）。

鹿島アントラーズ（住友金属）
東日本JR古河サッカークラブ（古河電工）
三菱浦和フットボールクラブ（三菱自工）
読売サッカークラブ
日産F.C.横浜マリノス（日産）
全日空佐藤工業サッカークラブ（全日空）
清水FCエスパルス
名古屋グランパスエイト（トヨタ）
パナソニックガンバ大阪（松下電器）
サンフレッチェ広島F.C（マツダ）

である。

プロリーグ化の先頭に立ってきたのは、川淵三郎だった。

一九三六年生まれの川淵がプロリーグ設立準備室長に就任したのは、九一年三月。早大二年のとき日本代表選手となった川淵は、その後古河電工に入社し、東京オリンピックに出場した。のちに監督を務め、日本サッカーリーグ総務主事となった。

しかしこのとき、準備に奔走する川淵の耳に聞こえてきたのは、「プロリーグなんか日本で成功するわけがない。日本のサッカーが変わるわけない」という悲観的な予測ばかりだった。そのたびに川淵は「絶対に変わります」と声を荒らげた。

しかし、川淵も本音では「そうはいってても実際にやってみないと変わるか変わらないかはわからない」とも思っていた。それほど日本のサッカーのプロリーグ化は不透明な部分を抱えていた。

この頃、川淵の支えとなっていた言葉がある。朝日新聞にいる知人が夕刊の「素粒子」に書いた次のような一文だ。

「ただ前進するのみ、とプロサッカー設立準備の川淵三郎。シュート無ければゴール無し！」

白紙状態の中からまったく新たにプロスポーツの世界を構築しようというのだ。そう簡単にいくはずはなかった。

川淵はとにかくシュートを放ち続けるしかなかった。

しかし、その川淵もまた、プロリーグの準備に携わるほんの数年前までは日本のサッカーに対して絶望していた一人だった。

「僕はずっとこれまで日本のサッカーに冷めていたんですよ。本当におもしろくなかった。アンフェアなプレーをやめ、ひっくり返ってもすぐに起き上がらないといったことを変えていかない限り、日本のサッカーはファンから支援されないと思っていた」

川淵はプロ化を機に、これまでの日本のサッカーの悪いところをすべて改めていくつもりだった。

それには、人からたとえワンマンと言われようが、あえて独善的に改革を進めて行こうと決めていた。

実質準備期間二年にして日本のプロリーグの立ち上がりに成功した理由の一つには、この川淵の強い決意が大きく奏功していた。

「チェアマンに権限を集中させているのは事実です。初期の段階では、総会や理事会でいちいち決め、それを待つというふうにはいかない。規約の内容そのものを決めているという過程では、仕方ないんです。それは、もちろんある程度、理念に基づいて決めていくのであって、多数決で決めたら一番だというのは大間違いですよ。僕は譲らないことは断固譲らない。もちろん軋轢はありますよ。でも強引さがないと、物事進まないでしょ。ただ、明治維新の渦中にいるから僕の価値があるんであって、平和な時代に値打ちがあるかどうかはわからんけどね」

スタジアムや練習場といった設備面での不備、チーム名の不統一など、プロリーグに急ごしらえの面が出なかったわけではないが、とりあえず川淵の組織作りは大成功をおさめる。

プロリーグの名称は、Ｊリーグに決定した。

ただし、そんなプロリーグ計画が着々と進行して行く中で、カズがその実力を思う存分発揮していたかというとそんなことはない。

九一年七月、カルロス・アルベルト・ダ・シルバ監督が解任されたのち、読売クラブの監督にはペペが迎え入れられていた。ペペはカズが〈サントスＦＣ〉にいたときの監督でもあったが、カズの実力を知っているだけに、日本でのカズのプレーに対しては必ずしも満足していなかった。その証拠に、九二年二月の対松下電器戦、続く対ホンダ戦で、ペペはカズをスタメンから外している。日本に帰国してからの一年半は、カズにとって必ずしも満足のいく時期ではなかったのだ。

カズが日本のサッカー界で真の実力をみせつけ始めるのは、九二年のシーズンに入ってからだった。

そして、ちょうどその頃、カズは、二年間在籍してきた読売クラブに残留するかしないかの岐路に立たされていた。

第五章
家族会議
東京——1992

92年11月、ナビスコカップを制し、MVPに輝く。

「僕は、ほかの家では考えられないような環境の中で育ったんです。考えられないっていうよりも、ほかの家庭にはない環境の中で育てられたんです。

おばあちゃんのところに預けられたこともあったし。でも、親父とブラジルに行って、二人で頑張った。親父とブラジルに行ったときは家にお金がなかったですから。そうやって親父とやってきて、親父は命をかけてくれましたよね。いつも言ってましたよ、『お前にはクビをくれてやる』って。そう言って、僕たち兄弟に体を張ってサッカーをやらせてくれたんです。何かを決断するときは、必ず親父の意見を尊重して、二人の意見をぴったりと合わせてきた。それぐらい僕と親父との関係は深いんです」

両親が離婚したのち、カズは他の兄弟、兄の泰年と妹とともに母に引き取られて育てられた。しかし、カズが言うように、父親が長年、舞台裏でカズのサッカーを支えてきたことはまぎれもない事実だった。

八一年に父親、八二年にカズと、親子でブラジルに渡ってからも、二人はどんな親子よりも太い絆で結ばれていた。父は常に息子の将来にとって有益だと思う道を用意し、息子も最終的には父に従った。

ブラジルからの帰国を決めたのも、二人の話し合いの結果だった。二人の間では、とぎれることなく濃密な関係が続いていたのである。しかし、その二人の関係は徐々に崩れていく。

「サッカーをやる上で僕が影響を受けた人は父親以外にも二人いる。兄貴、それに叔父さんの納谷義郎さん。誰か一人ってことはなくて、みんないろんな意味で大切だった」

しかし、カズは、自分の将来を決める大切な時期に、父親をはじめとするこの三人の恩人と衝突しなければ前へ進めないという事態を迎えていた。チームの移籍問題で、カズと周囲の間で小さな摩擦が起き始めていたのだ。

カズがブラジルから日本に凱旋帰国した二年後の九二年、Jリーグ・ナビスコカップがスタートする。読売サッカークラブも〈ヴェルディ川崎〉として加わった。参加全一〇チームの中には、〈清水エスパルス〉の名前もあった。

カズは、読売を出て地元清水エスパルスに入るか、あるいは、そのまま読売に残留するか、という岐路に立たされていた。実力と人気を兼ね備えたスーパースター、カズは、両チームにとって、Jリーグスタート時にどうしても欲しい選手だったのだ。

清水エスパルスは、Jリーグ全一〇チームの中で唯一、日本リーグ時代からの母体を持っていない新興チームだ。たとえば、〈名古屋グランパスエイト〉はトヨタ、〈サンフレッチェ広島〉はマツダと、日本リーグ時代のチームを引き継ぐ形でJリーグに参加している。

当初、静岡県内の有力企業ヤマハを母体にという話もあったのだが、これは土壇場で不調に終わっていた。

清水エスパルスを一言で言えば、「静岡県のトッププロチーム」である。そこでは、Jリーグが理想に掲げるフランチャイズ制が見事に具現化されている。選手の多くは静岡県出身で、市民が賛助する仕組みだった。地域に根ざしたクラブという点で、清水エスパルスは理想的なチームであり、今後のJリーグの一つのモデルチームとなる存在でもあったのだ。

実質的にこのチームを興したのは、元静岡県サッカー協会理事長を務めた堀田哲爾である。静岡県のサッカー関係者は、尊敬の念をこめて「堀田先生」と呼ぶ。もちろん、静岡出身のカズも、だ。堀田のサッカーに対する情熱が、いまのサッカー王国静岡の隆盛を呼んだというのが、いまも変わらぬ見方である。

静岡市でサッカーショップを経営し、少年サッカーの指導にあたっていたカズの父・納谷宣雄もまた、当然のこととして、堀田の世話になっていた。というよりも、清水エスパルスの創設にあたっては、納谷宣雄もまた相談役として大役を担っていたのだ。

堀田の頭の中では、カズを中心にしたチーム構想がすでにできつつあった。

四月、兄の三浦泰年は、清水エスパルスへの移籍を決断する。泰年は、それまでカズと同じ読売クラブの所属だったが、読売での監督の采配に対して不満があったため、清水入りはすんなりと決まっていた。

つまり、読売か清水か、といったとき、堀田、兄・泰年、父、叔父とカズ周辺のほとんどの人が、圧倒的にカズは清水に入るべきだ、と思っていたのである。

カズは「清水エスパルス包囲網」の真っ只中にいた。

九二年五月四日の朝四時、アメリカ・ロサンゼルスでは、三浦知良と父、それに兄の三人が宿泊先のホテルの一室で顔をつき合わせ議論を交わしていた。清水エスパルス入りを働きかけるための身内の会議だった。三人はパンや肉を食べながら話し合いを続けた。

すでにエスパルス入りが決まっていた兄・三浦泰年は、

「頼む、清水を手伝ってくれ」

とカズに頼んだが、カズの答えは、

「わからない」

だった。さらに、

「正直言って、読売か清水かどっちなんだ」

と聞くと、カズは、

「読売にいたい」

と明言していた。

泰年は、カズをエスパルスに誘った理由をこう言う。

「高校や大学を出たばっかりの選手が多い若いチームだったから、カズみたいなプロ意識の強い選手を呼んで、選手の気持ちやまわりの雰囲気を変えたかった。下の選手がついていくためには、カズは貴重な選手ですからね」

カズはそれでも首をたてに振らなかった。

「たとえば、清水にはグラウンドがなかった。やるやるといいながら、全然作らないっていうのが、僕は気に入らなかった。だから、そういう僕にとっての（清水の）マイナスのイメージを二人に話したりしていた。

沈黙もだいぶありましたよ。気まずい雰囲気はなかったけど、ヤスさん（泰年）はそのとき、『びびっているな』と俺に言った。『自信がないからお前はそういうふうになっているんじゃないか』、そういう言い方もした。お前の力だったら清水をいいチームにできるんだからって、ヤスさんは思っていたみたい。親父もできる、と言った。だけどそのとき結論は出さなかった。最終的に自分で決めないと後悔すると思ったから」

三人それぞれの思惑は確認されたが、さして話は進展しなかった。三人が眠る頃、外はもう明るくなっていた。時計の針は朝六時をゆうに回っていた。

カズの清水エスパルス入りを推進するのは、もっぱら父・納谷宣雄の役目だった。

それは、これまでのカズと父親の関係を考えればきわめて自然なことである。だから、堀田をはじめとする清水エスパルス側もまた、カズの件に関しては、父親に一任という態度をとっていたのである。

父親はカズの「貸し出し権」（パッセ）も持っていた。

「僕はずっと貸し出し中という身分なんです。親父と（ブラジル時代に所属していた）キンゼ・デ・ジャウーが権利を持っていて、それで読売にレンタル契約をしている。日本にいる外国人選手はほとんどそうです。契約が終わったら返します、と契約書に書いてある。所属はいま現在契約しているチームということになりますが」

もちろん、権利を買い取ってしまうこともできるわけだが、高額過ぎて買えないというのが現実なのだ。仮に何億円という値段で選手を買ったとしても、ものにならない場合もあるわけで、レンタルというシステムの方が合理的なのである。

そのカズを貸し出す権利を行使するのは、父親だった。

当初、父親は、カズの清水エスパルス入りにそれほど大きな障害があるとは考えていなかった。だから、エスパルス側にもそういうニュアンスのことをすでに伝えていた。

しかし、予想に反して父の説得にカズは折れない。

カズがこの頃の複雑な気持ちを言葉を選びながら語る。

「初めて僕が親父に逆らった。これまでは、決断をするときは必ず親父の意見を尊重して、僕の意見とピタッと合ってきた。だけど、今回だけは譲れなかったんだよね。じゃあ、それがいったい何だったのか、その譲れなかったことは、ってなるでしょ。でも、そこは本当に難しいところなんです」

二人三脚で歩んできた父親に対して、カズが見せた初めての、そしてたった一度の反抗だった。

「だから、僕にとっては、読売をとるか、清水をとるか、じゃなかったんです。読売をとるか親父をとるか、だったんです」

カズはなぜそこまでして、読売でプレーすることにこだわったのか。

「一番大きいのは、僕自身、静岡にいて小さくなっちゃうのが怖かったんです。読売に決めたのは、環境や、自分の存在をアピールできることでした」

一九六九年に創設された読売クラブは、当初から本格的なヨーロッパや南米のスタイルをめざして作られたチームである。そこには伝統と整った環境があった。しかし、一方の新興チーム清水エスパルスには、カズが言うように、この時点では、自分たちのグラウンドさえなかったのである。さらに、東京という街へのこだわりもあったのだろう。東京で多くの人間と触れ合うことは、カズにとって絶対に必要なことだったのだ。

「自分の気持ちは、もうどうやっても読売残留から動かさない」

カズはそう決めていた。

これまで世話になってきた恩人を結果的に裏切ることになるが、自分のサッカーのスタイルを貫くには読売でやるしかない、そう思っていた。しかし、そこまでハラを決めていたにもかかわらず、六月八日、カズの決心は再びグラつく。

この日、東京プリンスホテルでは兄・三浦泰年の結婚式が行われていた。結婚式が終わった後、別室に蝶ネクタイにタキシード姿の父、兄、カズ、それにカズの叔父二人、母などカズの一族が集結し、話し合いがもたれた。

そこには、静岡サッカー界のドン、堀田哲爾の姿もあった。

鳩首会談は二時間にも及んだ。

「映画の『ゴッドファーザー』で、妹の結婚式にみんなが集まる会議の場面があるんだけど、まるであのシーンみたいだなと思った。みんなネクタイを少し緩めててね」

『ゴッドファーザー』はカズの好きな映画だ。いまなお、繰り返し、繰り返し、ビデオを見る。そこには、ファミリーで団結し、みんなで幸せをつかんでいこうという家族の姿があった。

清水エスパルス側では、カズのチーム入りを前提に、早くもさまざまな準備を始めていた。

清水エスパルスをバックアップするテレビ静岡、そのキー局であるフジテレビ、スポンサーの日本航空。誰もがスーパースター入りは確実という前提で話を進めようとしていた。

一人のサッカー選手をめぐって、実に大きな輪ができ始めていたのである。

カズの父親にしてみれば、尊敬しているだけに、堀田に対してはなかなか否定的なことを口にできなかった。清水に対するカズの消極的な心境を伝えようと思って出かけて行っても、堀田の顔を見るとつい言いそびれてしまう。そんなことが何回か続き、ついにこの日を迎えてしまっていたのだ。事情を知らない堀田は、エスパルス入りを前提に

「ゴッドファーザー会議」で開口一番、

「カズくん、じゃあ発表はどうやってやろうか」

と言った。

カズの意思を知る身内は、一瞬息を飲んだ。カズの父親が、

「いや、こいつは迷っているんですよ」

とあわてて、とりつくろった。

カズの読売残留を覆せないまま一進一退を繰り返し、長い話し合いは終わっていた。

一方で、カズがいやなら清水エスパルスに行かなくてもいい、と思っていた人もいた。

読売残留を支持していたのは母親の三浦由子だった。

「私は読売にいた方がいいと思っていた。本当にあなたがやりたい方向を、何を犠牲にしても自分の意思を通しなさい、と知良に言っていた。(兄の)泰年のためにも、それが一番いいと思っていた。これまではお兄ちゃんも、知良のことを後押しして、陰ながらカバーしてきた。だけどいまは、二人別々のチームになった方が、絶対にお兄ちゃん

のためになるって私は思っていたんです」

腹の中では読売残留を決めていたカズは、しかし、この東京プリンスホテルでの会談のあと、少し弱気になっていた。そして、カズの気持ちは大きく清水エスパルスへと傾く。

「僕は苦しかった。僕が迷っているだけで、結果的にいろんな人に迷惑をかけてしまっている。こんなに胸が苦しかったことはないと思った。それで、結局、僕が清水に行けば、すべてが丸くおさまるんじゃないか。そう思うようになった。だからもう、この日は、自分の気持ちの中では清水に決まりかけていたんです」

練習が終わると、ところかまわず大声で歌を歌い、後輩に向かってジョークを飛ばすのがカズの表の顔だとすれば、素早く人の気持ちを汲み取ったりする繊細な面は、裏の顔だ。カズは、人に対して気を遣ってないようで、実は誰よりもナイーブに人と接している。だから、人から受けた優しさといったものも忘れない。カズはそういうタイプの人間なのだ。

そんなカズが、もうこれ以上、まわりの人を苦しめたくない、と思うのも無理はなかった。

この頃、カズが、自分の将来について、いく度となく相談していた人がいる。「ゴッドファーザー会議」が終わったその日の夜も、カズはその相手に電話で相談している。

「この頃一番話したのが（設楽《したら》）りさ子だった。サッカーを知らない子だったけど、僕の置かれている立場とか、そういうものはわかっていた。

りさ子は最初、どっちかというと清水だった。清水に行けば丸くおさまるからじゃなくて、『カズはいつも挑戦してきた。おもしろいって言ったら失礼かもしれないけど、また新たな挑戦の方がおもしろいじゃない』って。だけど、僕の話を聞いているうちに、あまりにも、僕が自分の気持ちに反して動いているように見えてきたんだと思う。『そこまで言うなら、もう読売に残った方がいい、清水に行ってもうまくいかない』ってりさ子は言い出した。このとき、僕にとってりさ子の存在っていうのは大きかった」

カズと女優・設楽りさ子は、こののち、ほどなく結婚の意思を固める。カズ一九歳、設楽りさ子一八歳のときの出会いだから、六年越しのつき合いで結婚の意思を固めたということになる。その間、二人の交際はとぎれとぎれになったが、カズは設楽りさ子をいつも見ていた。たとえ交際はしていなくても、いつも女性の話となるとカズの口から比較の対象として出てきたのは、設楽りさ子だったのだ。

カズのサッカーは、ある意味でこの設楽りさ子との結婚を決意したときを境に変わったのだろう。心の安らぎの場ができたことで、カズはまた別のステージへと踏み出す力を得たのである。

六月一三日、カズはついに読売クラブ残留を決める。カズは父が敷いたレールとは別のレールを選択したのだ。カズが初めて見せた父への反抗だった。

「俺が言えば知良は聞いてくれる、って親父も自信あったと思う。いままでいろんなことを決めるにしても、僕が折れるにしろ、結局はお互いの意見が合ってうまくまとまってきた。僕は親父の先見の明も認めるし、従ってきた。でも今回は初めて僕がここまで頑固になったからね。親父も最終的には僕を読売に残してくれた」

父親に対する反抗は、カズの心にしこりを残した。しかし、カズは、これまでずっとそうしてきたように、プレーで頑張るということでそれを払拭した。

「こういうことがあったから、ユベントス戦のときも、ダイナスティカップのときも、ナビスコカップでも頑張れたんだと思う。やっぱり『俺は読売でも頑張っているんだぞ』ってとこを、父親をはじめとする人たちに見せたいって気持ちになったんです」

父親に対するたった一度の反抗が、カズ飛躍の契機となっていたのである。

移籍問題から数カ月たった九二年秋、カズのサッカー人生は一つの絶頂期を迎えつつあった。

一一月二三日の「Jリーグ・ヤマザキナビスコカップ」決勝戦は、カズにとって、かつてないほどあわただしかったこの一年の集大成とでもいうべきゲームだった。

国立競技場は六万人の大観衆で埋め尽くされていた。

九三年五月一五日に本格的に始まるJリーグの、言わば前哨戦として行われたJリーグ初のカップ戦「ナビスコカップ」が、まさかこれほどの盛り上がりを見せるとは誰も思ってもみなかった。全一〇チームで行われた総当たり四八戦は、有料入場者だけで一試合平均一万一千人もの観客を集め、しかも、決勝戦のチケットは、一カ月以上も前に完売という状態だったのだ。

つい一年前までは、一試合当たりの有料入場者数は二千人に満たないとさえ言われていた不人気のサッカー。その閑古鳥鳴く日本のサッカーが、わずか一年足らずで様変わりし、変身を遂げたのだ。アマチュア社会人サッカーの「日本リーグ」からプロリーグの「Jリーグ」へとサッカーの頂点が移り変わったことで、日本サッカー界のハードとソフトは大きく変わってしまったのである。

川淵三郎チェアマンの気持ちには、この日、一点の曇りもなかった。

「本当なら国立競技場に向かうクルマの中で、今日はお客さんどれぐらい入っているのかなと心配するのですが、もう切符は全部売り切れちゃっているわけで、今日はお客さんがどんな応援をしてくれるのか、選手たちはどんな試合をしてくれるのかと、この二つだけに自分の神経を配ればよかった。こんなことはかつてなかったんです」

大声援の中、清水エスパルスとヴェルディ川崎、両チームの先頭を切って出てきたのは、腕にキャプテンマークをつけた三浦知良とカズの一つ上の兄、三浦泰年だった。

カズはこの日、珍しく緊張していた。他の多くの選手はこのおよそ二〇日前に行われたアジアカップの方が緊張したというが、カズは逆だった。

「プレッシャーはないつもりだったけど、気持ちの中に絶対負けられないみたいなのがあったんでしょうね。兄弟対決とか言われて、兄貴と僕が事前にあれだけクローズアップされたこともあったし、いろんな意味で緊張した。ただ、ドキドキというのとは違って、気合い十分でピリッとしているという感じでした」

一方、兄の泰年は、弟と並んでグラウンドに足を踏み出した瞬間、「ここが、これが一番幸せなときだな」と感動していた。そして、同時に「今日は満員の観客の前でいいプレーが見せられるぞ」と武者震いした。緊張はなかった。

カズと泰年に限らずとも、選手の誰もが超満員の観衆の中で、日本リーグ時代には味わえなかったような感動をおぼえていた。

この日スタンドには、前日、静岡から上京してきたカズと兄・泰年の母親、三浦由子の姿もあった。これまでも、由子は、時間の許す限り二人の息子のゲームを見続けてきていた。前日から、由子のもとには「どちらのチームを応援しますか」と質問が寄せられていた。もちろん、二人の息子が対決するゲームでどちらかのチームを応援するなどということはなかった。

「とにかく怪我をしないでいいゲームをやって欲しい、できれば勝敗がつかないといいな」

と、由子は思っていた。

キャプテンマークの腕章をつけた二人の息子が先頭を切って出てきた。サポーターたちのチアホーンが一層けたたましく鳴った。

胸を張ってグラウンドに足を踏み出した二人の息子を見て、由子は泣いていた。

「私はもっと冷静に見られるかと思っていたんです。だけど、二人が出てきただけで、涙が止まらなくなってしまった……。感無量だったんです」

カズが帰国した九〇年夏、日本のプロリーグはまだ実に曖昧模糊としたものだった。しかし、それでもカズはこの日本のサッカー新世紀に賭け、戻ってきた。そのカズが賭けた不透明な日本のプロリーグは、六万人の大観衆が詰めかけるまでになったのである。

両チームの旗がスタンドで休むことなく勢いよく振り続けられていた。

ゲームは結局、一対〇でヴェルディ川崎の勝利に終わった。決勝ゴールを放ったのは、カズだった。

「優勝カップをもらいに行くときはもう、なんともいえない気分だった。キャプテンとしてカップをもらうのは初めてだったから。でも、あそこにいた全員が嬉しかったんだと思う。清水も負けてがっかりしたかもしれないけど、ああいうところでサッカーをやれたということは選手にとって自信につながったと思う」

設立間もない清水エスパルスのチーム力は、チーム名をヴェルディ川崎とした読売クラブ、言わば老舗のクラブチームに決してひけをとらなかったのである。

一方、兄の泰年は、カズが決勝ゴールを放った瞬間、つぎのように思った。

「翌日の新聞の見出しが思い浮かんだんです。このままいけば、またカズ勝ち、ヤス負けと書かれるなと」

ゲーム終了とほとんど同時に泰年はひとりロッカールームに駆け込んだ。表彰式が控えているのに、である。泰年は悔しさにまみれていた。しかしそれは、弟に敗れたからというよりは、あと一歩のところまで詰めよりながらヴェルディ川崎に勝てなかった無念さのためだった。

「あいつが表彰台にのって手を上げているとき、自分も手を上げているんだよって気持ちで僕はいるんです。逆に僕が勝って表彰台に立ったときにカズがそう思ってくれるような兄弟であり、選手であれば最高なんじゃないかと思う。相手の手を下ろして自分の手を上げたいっていうのとは違うんです」

両チームの試合後の打ち上げパーティに出席した母親の三浦由子は、静岡の自宅に戻ってから、この日のゲームのビデオをもう一度見た。二人のゲームがあった日の夜は、いつもそうやってビデオを見る習慣だった。

カズは九二年に行われた日本リーグ、ダイナスティカップ、アジアカップ、ナビスコカップ各大会のMVPを独占した。

プロリーグ設立準備に追われながらもゲームを見続けていた川淵三郎チェアマンは、カズのプレーに変化を感じていた。

「帰国したばかりのカズは、うまかったけど自分のためだけにうまかった。自分のためだけにうまかったというのは、すごいドリブルをしておもしろいけど、チームの勝ち負けにはたいして貢献していなかったんだ。でも、九二年の後半はチームの中でうまくなった。貢献するようになった。怖い存在になったんです」

日本代表でキャプテンをつとめるヴェルディ川崎の柱谷哲二も同じ感想だ。

「カズが日本にきた頃は、同じチームじゃなかった（柱谷は当時、日産）けど、傍《はた》から見ていて、勝手なことばかりやっているなと思っていた。チームと機能していなかったんです。だから怖いという印象はなかった。それが一年ぐらい前からチームの中での動きを考えてやっているなと感じるようになった。精神的にも強くなっているし、素晴らしいプレーヤーになったと思う。いまは逆に、自分のプレーを消してでもチームプレーに徹しようとし過ぎるようなところがあって困るぐらいなんです」

多くの人は、日本のサッカー界に新しい息吹を与えたそのカズに対してこう思っているに違いない。カズの華麗なプレーを支えているのは天賦の才なのだろう、と。しかし、カズは決して天才プレーヤーではない。天才型か努力型かといえば、明らかに努力型なのである。そのことはカズ自身が一番よく知っている。

「僕は努力型です。体力とかそういうことでは僕は普通だと思います。走る能力とかジャンプ力だったらみんなの方が上だと思う。でも、サッカーはそれだけじゃない。自信とか気持ちだとかが大きいんです。ただ、いずれにしても運動能力という面では全然だと思う。だから全部のレベルをもうワンランク上げたいといつも思っているんです。いまが一番努力しているんじゃないかと思うときがありますよ。いま考えると一五、六歳の頃は本当には努力していなかったんじゃないかなって。でも、三〇歳になったらまた、二五、六のときは努力が足りなかったと思うんじゃないかな。努力していなかったんじゃなくて、いつ一番努力したかなと思うと、いまじゃないかと、そんな感覚です」

九二年秋、ヴェルディ川崎のグラウンドで、チームの全体練習が終わったあと、カズはさらに一人で黙々とドリブルやジャンプといった基礎練習を続けていた。そして、練習後は誰よりも長い時間をかけて疲労した筋肉をほぐし、体を静めていく。

グラウンドでの練習を終えたカズは、氷の入ったビニール袋を膝と足首に丁寧にテーピングし貼りつける。アイシングで熱をとるのだ。それはカズ一人だけが行う練習後の儀式である。神経質なまでに体をいたわっているのである。カズはそうやって常に人より手間のかかることを自らに課してきた。

肉体に行うと同じようにカズは自分の心にも必死で鞭を入れ続けている。

「いつも、いつ自分が落ちるか、怪我とかを含めて落とし穴があるんじゃないかっていう危機感がある。それは一八、九歳の頃にはなかったものです。いまはまだ目標を達成したわけじゃないけど、ある意味で自分で生活力もあって、プレーはアジアでもブラジルでも認められ、いろんな試合を経験したって自負があって、自信もある。

でも、だから、人間って怖いですよね。自分が落ちるのが。だから危機なんですよね。でも危機がある間は止まってはいけないんだと思う。一五でブラジルに行ったときっていうのは、怖さも危機感もない。子供だしわかんないですよ。失うものは何もないし。でも、いまは失うものがあるんです。ただ、危機感が悪い方へ行く人もいるけど、僕の場合、それがないとだめなんです」

カズのこうしたメンタリティの強さは、ゲーム中でもときおり見られる。

たとえば、九二年秋のアジアカップ予選、対北朝鮮戦において、カズは絶対に入れなければいけない大事な場面でＰＫに失敗した。しかし、カズはすぐに気持ちを入れ替えた。

「実際に自分の中ではすごく悔しいし、ひきずる方だと思ってます。でも、最近はマインドコントロールできるようになってきて、自分が踏ん張らなきゃいけない、頑張らなきゃいけないって、そういうものがすごくある。そのままダメになったらいけない、そこから自分の強さを出さなきゃいけないんだと、意識的に頭の切り替えをしてますよね。

本来、僕は神経質で気にする方です。悔しいです。でも切り替える。その辺が十代、二十代前半とは違うところです。集中力で悪いことは忘れていくっていうね」

このときも、ＰＫを外した直後からカズは積極的に相手ゴールに襲いかかった。そして、後半三五分、カズの好アシストでついに日本代表は初得点を獲得していた。

そこにはスタンドからは想像もつかないような心の葛藤がある。そして、その割り切り、切り替えの早さは、日本人が最も苦手とするメンタリティでもある。

ヴェルディ川崎の都並敏史は、カズのことをこう見ている。

「カズの一番の強みは、常に平常心でプレーできること。自分の技術を一〇〇パーセント発揮できるような精神状態でプレーできる。みんなは意外にそうでもないんです。たとえば僕みたいなナーバスなタイプは、試合によって変わってきちゃう。対相手、味方、お客さん、ケガ、新聞に叩かれたとかいろんな要素があるんですけども、カズは平常心で戦える。技術的なもので彼よりうまい人間って、いないことはないと思うけど、それを出せないんです。たとえば、読売のユースに非常にうまい選手がいますけど、トップチームに入ってくるとそれはそのまま出せないんです。カズはそれを超越している」

一〇〇パーセントの力を出しているから、出そうとし続けているから、いまのカズは存在しているのである。それは、やはり、ブラジル時代にいやというほど味わわされた苦労の産物なのだろう。

シュート後に観客席に向かって投げキッスしたり、ゲーム中に見せる派手なアクションや、後輩たちとディスコやカラオケで騒ぐカズからは想像もつかないような面がカズにはある。たとえばカズは、こんな行動を一人でとることがある。

「京都で試合があって、パッと時間があいたりすると僕は金閣寺とか三十三間堂に一人で行くんです。特に三十三間堂は大好きでよく行く。なんかこう気分が落ち着くんです。普段の生活では雑音がすごく多いでしょ。宗教がどうのこうのとかじゃなくて、その中で自分を高めて集中していくには、ときにはお寺とか教会に行くことも必要だと思うんです」

日常生活でも練習中でも誰よりも潑剌としているカズだからこそ、意外な内側を知るとその落差に驚かされる。

「僕はいつも『いま三カ月頑張れば三年もつ』って考えている。この時期頑張らないとダメだって時期が本当にあると思うんです。それがわかる人か、わからない人かによって随分違うと思う。僕は、いつも自分で感じる。いま、三年間ここでこらえて苦労すればこのあと三〇年もつなとか。そういうのをいつも考えて、そのときそのときを頑張っているって部分があるんです」

そして、まもなく、カズにとって本気で頑張らなければならない時期がやってこようとしていた。

第六章
日の丸
イタリア――1993・冬

93年2月、イタリア南部のレッチェにて日本代表の強化合宿。

一九七八年夏、一一歳の三浦知良は、テレビで初めてワールドカップの生中継を見た。地元アルゼンチン国民を熱狂の渦に巻き込んだアルゼンチン大会である。

以来、カズにとって、ワールドカップ出場は、大きな目標となった。もちろん一一歳の段階では、ナショナリズムを背負うというレベルの話ではなく、サッカーの頂点にワールドカップがあるという認識を持ったに過ぎない。

カズがナショナリズムに目覚めるのは、一五歳でブラジルに渡ってからだ。

「僕はブラジルに行って初めて日の丸をつけたいなと思ったんです。日本はワールドカップに行ってなかったし、日本がこんなにブラジルで認められていないかと思うと悔しくて。日本人がサッカーをやっているというだけで、ユニフォームを着てグラウンドに立っているだけで笑われちゃうんです」

いま、国際試合の前のセレモニーで、カズは大声を出して『君が代』を歌う。

「サッカーは戦争っていうと言い方が悪いけど、国を代表しているんだって意識を強く持っている。とにかく独特の雰囲気がある。国歌を歌うのもそういう自分の気持ちを盛り上げるためにっていうのもあるんです」

ブラジルでの生活は、カズに人一倍強いナショナリズムを植えつけてもいたのである。

そのカズにかかる日本サッカー界の期待は、帰国後、加速度的に強まってきていた。それは九三年五月一五日に開幕したJリーグにおいてはもちろん、やはりワールドカップ出場への期待があるためである。カズへのプレッシャーは日毎に増してきた。しかしそれは、カズにとって糧ですらある。

「(プレッシャーは)逆に快感じゃないですか。まわりが僕に何かを思っているからそういうふうに言うんでしょ。ということは嬉しいですよ。それだけ自分の力にかかっているということは力がなきゃダメなんですよ。力があるって思うからみんながそういうふうに期待するわけだから、嬉しいです。

別にそれでワールドカップに行けなくて自分のせいだとか、そういうふうには思わないですよ。プレッシャーはいい方に転化していかなきゃいけないでしょ。心配だ心配だと言ってもさ。僕は心配性だけどそれは割り切れますね」

ワールドカップは四年に一回開催される世界サッカーの頂点に位置する大会だ。いや、世界中で開かれるあらゆるスポーツイベントの中で最大の、と言ってもいい。オリンピックでさえもサッカーのワールドカップの前には色褪せる。

九四年のワールドカップ本大会に出場できるのは二四カ国（うち二つは、開催国であるアメリカと前回のイタリア大会優勝国のドイツ）。アジア地区の出場枠は予選参加二八カ国に対し二カ国という狭き門である。

一九三〇年に始まったワールドカップ大会に日本はまだ一度も参加したことがない。これまでずっと予選を突破できずにいたのだ。

しかし、九二年三月、オランダ人のハンス・オフトが監督に就任して日本代表チームは生まれ変わった。横山兼三前日本代表監督の築いたメンバーをベースに、前回のワールドカップ予選には参加していないカズをはじめとする何人かの新メンバーが加わり、さらには作戦、システムなどが一変し、チーム力が著しく向上したのだ。

九二年夏のダイナスティカップ、秋のアジアカップでの優勝もオフト体制による成果である。

カメラマンの西山和明が八八年にブラジルを訪れた際、カズはこう言っていた。

「日本代表が強くなるためには、外国人の監督かコーチを呼んで、完全に任す。それでいい結果が出る。試合にしても、ブラジルの有名チームを招いて親善試合をするんじゃなくて、アジアの韓国、中国、北朝鮮と真剣勝負をしなきゃダメだ。その方がチームは絶対に強くなる」

数年前にカズは日本の裏側でこんなことを思っていたのである。それはつまり、カズはいつも日本を、あるいは日の丸をつけた自分をイメージしていたということに他ならない。そして、現在、日本チームはカズの思い描いた通りに動き出したというわけだった。

オフトの選手選びの基準はこうだ。

「代表チームは、各チームから選手をピックアップして構成していくわけですが、私は、選手個人のレベルだけを見て選んだというわけではない。この選手が代表チームにきたときは、どういう動きをするのか、どういう選手との組み合わせがいいのかといったことを考えて構成したんです。代表チームに必要かどうか、自分のサッカー哲学の中で必要かどうかという判断で選びました」

つまり、技術的にいくら高度なものを持っていても、チーム全体のバランスの中で必要ないと判断されれば選ばれないわけである。

ではその中で、カズに対しオフトはどんな役割を期待しているのか。

「彼のいいところは自信をもって大人のプレーができるというところ。彼の強い点は、前の方で自分の意思で思い切ってプレーができるところです。そういう意味で、代表チームでは彼を特に前寄りのポジションで使っているわけです」

しかし、九二年夏のダイナスティカップの前、オフトとカズの間ではそのポジションをめぐっていさかいがあった。

オフトが、

「お前の仕事は前なんだ」

と言っても、カズは、

「いや、僕は下がってやりたい」

と中盤まで下がってきてしまうのだ。

そんな二人の葛藤を川淵三郎はこんなふうに見ていた。川淵はハンス・オフトを代表チームの監督に据えた張本人だった。

「カズはボールが欲しくてしょっちゅう下がってきていた。でも、それは僕に言わせれば、結局自分のためだけにうまかったんだよね。（ラモン）ディアス（元アルゼンチン代表、のちに横浜マリノス）だって（ゲーリー）リネカー（元イングランド代表、のちに名古屋グランパス）だって、うまい選手は何が違うか。みんなやることが簡単なんだ。コチョコチョせずにポンポンって肝心なところでやる。自分の仕事の場所っていうのをみんな知っている。ペレでもマラドーナでも。そういうことから言うと、カズが下がってやっていたフェイントモーションとかは無駄な労力だったわけです。人から見てはおもしろかったかもしれないけど、監督としてはおもしろくない。オフトは、そんなところで頑張るよりは前で頑張れと言っていた。それを徹底させるのに三、四カ月はかかった」

一方、キャプテンのディフェンダー柱谷哲二は、こんなふうにカズを諭していた。

「お前、もし中盤でボール持っていれば足蹴られてケガするよ。国際ゲームで俺とお前が敵味方になって、マンツーマンで、お前がキーマンで、友達じゃなかったら、俺はすぐにお前の足にいくよ。それでお前をケガさせて退場させたら俺の仕事それで終わりだもん。それでチームからはＯＫをもらえる。でも、ゴール前じゃそれできないんだよ。だから、俺はお前が中盤でボールを持つのには賛成できないね」

カズ自身には特に「もめた」という印象はない。なぜなら、このテーマに関しては、しょっちゅうオフトとやり合っていたからである。

「僕が下がるとオフトはいつも言う。いまでも言われる。『下がるな』って。『体力はそのままとっておけ』って。ただ、僕としては、前で待ってて、ボールがこないというリズムがいやなんだ。いやというよりも、リズムがとれない。リズムをとるのにボールに触りたいっていうのが自分の中である。僕はツートップの一人じゃないぞ、僕はツートップで前で待っているだけじゃないぞって思っているんです」

たとえば、九三年七月に行われたJリーグ・オールスター戦では、カズはほとんど下がることなくプレーしている。ピエール・リトバルスキー、木村和司、ラモス瑠偉、カルロス・アルベルト・ソーザ・ドス・サントスという強力なメンバーが「オール・イースト」の中盤を占めていたため、前にいてもボールがカズの足に自然に集まってきたためである。カズの望むリズムとは、まさにこのオールスターのときのようなリズムなのだった。

二カ月後に始まるワールドカップ・アジア地区予選に備え、日本代表チームがイタリア南端の街レッチェで強化合宿に入ったのは、九三年二月九日のことだった。

イタリアのセリエAは、世界のサッカーの頂点に立つリーグである。イタリア国内はもとより、ドイツ、オランダ、イギリス、南米と世界中の一流選手たちがこのリーグに集結してきている。サッカー選手なら一度はプレーしてみたいと思う世界最高峰のフィールドなのだ。

カズもまた、いつしかこのイタリア・セリエAでプレーすることを考えている。ワールドカップ出場という大きな目標のさらに先には、イタリア・セリエAを見ているのである。

しかし、日本代表は結局、対〈ユベントス〉戦一対三、対〈インテル・ミラノ〉戦〇対三、対〈レッチェ〉戦一対一と惨敗してしまう。前年夏、日本で行われた対〈ユベントス〉戦の善戦を知る者にとっては、信じられないような結果だった。しかも、単に負けたというだけでなく、内容の悪いゲームだったのである。

しかし、カズはこの展開を戦前からある程度予想していた。

「イタリアでの三試合は、コンビネーション、気持ち的なものとすべての面できついだろうと思っていた。向こうはシーズンの真っ最中だったけど、僕らはボールを蹴っていなかったし、調整の段階、体を作る段階のときで試合から離れていたから。勝負してももちろん勝つつもりでやっているけど、勝つことは難しいな、という気持ちはすごくあったんです。ただ、あそこまで点をとられたり、あんなに崩れるとは思っていなかったけど。イタリアのサッカーのスピードはやっぱり早い。局面局面でのスピードは負けてなくても、サッカー全体のタテへのスピードが違うんです」

カズにしても、実は、元日の天皇杯決勝以来この合宿初日まで四〇日間、まったくボールに触っていなかった。それは、前年、九二年後半のスケジュールがあまりに過密だったことへの反動でもあった。九二年の夏以降は、まるでサッカー人気と連動するかのようにカズのスケジュールは日々ハードになっていった。もちろんそれはカズだけでなく、Jリーグの所属チームと代表チームをかけもちする選手全員に言えることだった。

しかし、ある意味でカズにとっては、手応えある遠征でもあった。この先のことを考えれば、セリエAのチームを知っておくことは決して無駄ではないのだ。

「イタリアの選手はみんな厳しい中でやっているだけあって、選手それぞれに特徴があった。でも、向こうのサッカーに慣れさえすればプレーできると思う。それは僕に限らず、何人かの（日本人）選手はね。ただ、僕はときどき、いま二四歳だったらなって思うことがある。いまでもイタリアに行きたいと思っているけど、もし二四歳だったらもっと可能性は広がるだろうなって。二年の差って大きいと思う。

もちろん、いまの年齢でも十分イタリアでやれると思うけど、イタリアで何年かやって、力が落ちて日本に帰ってくるのはイヤだから、年齢的にいえば大変かな、とかいろいろ考える。でも、最近はイタリアだけにこだわってはいない。スペインでもドイツでも、どこでもいいと思う。とにかくもう一度、甘えのない厳しい環境の中でやることが僕にとってはいいことだと思うんです」

カズにとっては、イタリア・セリエAは単なる憧れの場であるというだけでなく、自分をさらに成長させる場でもある。カズはこのイタリア遠征中、イタリアのマスコミからの日本代表チームに対する手厳しい批判を意識し、受け止めてもいた。カズはすでにイタリアでプレーすることを現実レベルで考えている。

「前に、ブラジル、ブラジルって言って、ブラジルという国も知らないのにサッカーに対する憧れだけで行ったというあの勇気は、今度外国で暮らすときにはないかもしれない。いまは、国の状態とか、治安とか、そういうのを考える。今度は家族も一緒に行くわけだから、落ち着いた暮らしっていうのも必要だし、生活しやすいところでプレーしたいと思っている。

言葉の問題は、自分の中でそんなに大きなものじゃない。りさ子も頑張るって言っているし、僕もその国の言葉を覚えるつもりです。イタリアは、聞いた話によれば、私生活とグラウンドの中の区別がないって。マスコミがいつも叩いているし、ファンの目があって、私生活っていうものが失われる。そういうものに耐えられないとダメだって。だけど、イタリアなんかはまだ環境のいい方だと思う」

一方、外国のチーム関係者から寄せられる賛辞に対して、カズは「嬉しくなくはないけど、あくまでも社交辞令」と冷ややかに受け止めている。

「とにかく日の丸をつけてワールドカップに出場しなければ、ちゃんとした評価は下されない」

と、カズは思い続けているのだ。

イタリアから帰国したのち、日本代表チームはアメリカ代表、ハンガリー代表とのカップ戦「キリンカップ」を戦う。ハンガリー戦では〇対一と敗れたものの、対アメリカ戦に三対一と勝ったことにより、日本代表チームはかなりリズムを取り戻していた。カズもまた、アメリカ戦で二得点上げたことで、一カ月後にひかえたワールドカップ・アジア地区予選を前にいい感触をつかんでいた。


ハンス・オフト監督は戦前、ワールドカップ予選の戦い方をこんなふうに話した。

「悪いゲームでも点をとることが大切。ゲームをやっていく上では自分の思い通りにいかないこともあるけど、精神的に強いものを持って、しがみついてでも勝ち点をとる。悪いゲームでも結果的に勝ち点を上げていく。それが非常に大きなポイントとなると思う」

しかし、ワールドカップの現実は予想以上に厳しい。冷静に考えてみれば、北朝鮮、韓国、アラブ首長国連邦、イラン、サウジアラビアなど列強の中からの二カ国なのだ。七八年、八二年、八六年のワールドカップにブラジル代表として出場したジーコは、ワールドカップの厳しさについてこう語る。

「私は予選を何回も経験しているけど、とにかくものすごいプレッシャーというか、独特のものがある。よほど精神的にタフじゃないと自分の実力を発揮するのは難しい。最初の一次予選はホーム・アンド・アウェーで行われるけど、二次予選からはどこか他の国で戦う（注・当時のアジア予選はセントラル方式）。いままでのように日本人が大勢来てくれるわけではないですから、グラウンドの内外でプレッシャーを感じることになる。

たとえば、私はブラジル人なので、ラテンアメリカの国々で予選をやってきた。この地域ではどこの国の国民も熱狂的で、自分の国がワールドカップに出て当然というふうに思っている。そこではグラウンド内でのプレッシャーはもちろん、道を歩いていたらいやがらせをされたり、移動中のバスに石をぶつけられたり、そういうグラウンドの外のいたずらも日常茶飯に起きるわけです。一国が一丸となって敵をつぶそうとするわけですから。アジアのモラルがラテンアメリカと同じだとは言えないけど、そういうことを肝に銘じておかないとね」

「戦争」という言葉もある意味では的はずれではないのである。

「世界を知っている」カズもまた、予選突破に関してジーコと同じ見方をしている。

「ワールドカップに出場するのはそんなに簡単なことじゃないと思う。（代表チームに）不安材料があるとすれば、自信です。自信なくプレーしたら危ない。そのへんが怖いよね。ダメなんじゃないかな、とかそういう気持ちのままみんながグラウンドに入るとそれがそのままプレーに出るから。はったりでもいいから自分たちの強さを出し、自信をもってやることが大事だと思う」

それはつまり、カズが一五歳でブラジルに渡って以来、学習し続けてきた「戦略」でもある。

カズにとっては、今回のワールドカップは、「アジアの三浦知良」を打破し、さらに前へと駒を進めるチャンスでもある。ワールドカップは世界中のプロリーグのリクルートの場でもあるからだ。

ワールドカップ・アジア地区一次予選は、四月八日のタイ戦を皮切りにバングラディシュ、スリランカ、ＵＡＥ（アラブ首長国連邦）と日本で戦い、一〇日後、今度はＵＡＥに渡って同じ順番で四カ国と対戦することになっていた。

第七章
初陣
神戸——1993・春

ワールドカップ・アメリカ大会を目指すアジア一次予選・タイ戦。

待望のワールドカップ・アジア地区予選、その緒戦を前に、カズは試合に出場できるかできないかの瀬戸際に立たされていた。

右足のつけ根に痛みが走り、足を上げられなくなってしまったのだ。新聞報道では、「カズの右足に異常」程度にしか報道されなかったが、実際はもっとひどい状態だった。カズと日本代表のチームドクター・武井《たけい》経憲《つねのり》は、出場するのはもう無理ではないか、とさえ思っていた。

カズが最初の痛みを感じたのは、二月に行われたイタリア合宿のときだった。

「イタリアの初戦（対ユベントス戦）で、痛さはなかったけど、右足に重みがあって、思うように上がらなかった。最初は、一カ月以上、試合をずっとやっていなかったからかなと思った。グラウンドもぐちゃぐちゃだったし。だけど、それからだんだん（症状が）進行していって、三月のキリンカップのあと悪くなったんです」

アジア地区予選の緒戦を四日後に控えた九三年四月四日、カズは、武井経憲の部屋をいきなり訪ねてきて、

「足が回せないんです。インステップキックがもう全然蹴れないんです」

と訴えた。痛む箇所は、右足の外側、股関節のつけ根のあたりで、痛みの発生源はかなり奥の方だった。場所を明確に特定できるようなところではなかった。

カズはイタリア合宿のときに左足首を捻挫していた。どうやら、その左足首をかばっているうちに右足に思わぬ負担がかかっていたというのが、原因らしかった。

武井は、

「痛みがとれるかどうかわからないけど、やってみるか」

と鍼治療の意思があるかどうかを尋ねた。

「もうこれだと、試合なんて満足にできないから、何でもいいから治ると思うことはやってください」

とカズは切望した。

ワールドカップ予選の幕開け、最初のゲームには何としても出たかったのである。この緒戦は、実際に日本代表チームにとって、予選の全ゲームを通じて最も大切な試合だ

った。

武井はカズの右足に鍼を打つことにした。

武井経憲は、実は、鍼灸師でもなければ、サッカー選手の専門医でもない。長野県身体障害者リハビリセンターに勤める整形外科医なのである。専門は膝、股関節で、人工関節の研究を続けている。

信州大学医学部時代はサッカー部に所属していて、卒業後、国際サッカー連盟（ＦＩＦＡ）の医学講習会に出席、スポーツ医学との関わりを持った。その後、一九七七年に、日本代表のチームドクターとしてインドネシアで行われたマラハリムカップに同行した。しかし、このとき散々な目に遭ったことで、武井の気持ちは一時スポーツ医学から離れていってしまう。

「チームドクターとして行くのだから、骨が折れたとか、腱が切れたとか、そういう治療だけをやればいいと思っていた。そうしたら熱は出すわ、下痢はするわ、打撲だ、捻挫だといわれて。選手が走れなくなるなんてこと考えていなかったんです。そういうことがあっても、ほとんど何もできなかった。最後は野菜とか牛乳の買いだしに回されてしまったんです」

武井はその後、関節の研究論文を発表したり、アメリカに留学したり、医学奨励賞を受けたりと、専門分野での活動に忙殺されるようになる。そんな武井が再び、人の誘いでスポーツ医学のフィールドにもどってきたのは、八六年のことだった。

「スポーツドクターを真剣にやるという思いはなかったけど、インドネシアに行ったとき、できなかったこともあって、どうしたら早く選手が復帰できるかということをいつも考えていた。もし万が一やることがあったらこうしようという計画は、ずっと持っていた」

インドネシアでの失敗は、武井にとっては屈辱の記憶として消えることがなかったのである。

一方、武井は、自分の専門の研究と並行して、鍼の勉強も始めていた。講習会に行ったり、本を読んだりしながら、次第に武井は独自の鍼治療術を持つようになっていった。

武井が日本代表チームの担当ドクターとなったのは、オフト体制になってから、つまり九二年の四月からだった。千葉の若山医師との交替制で代表選手を診ることになった。オフトは、同じ医師にずっとついていてほしいと主張したが、それは無理な話だった。武井には本職があるのだ。専門のスポーツドクターをつけるならば、それなりの受け入れ体制も必要だった。日本代表のドクターといっても、彼らにはわずか三千円の日当しか出ないのだ。武井は、日本代表のオランダ遠征、ダイナスティカップ（中国・北京）、香港遠征を担当した。わずかの間で、武井は代表チーム内で絶大な信頼を受けるようになっていた。

予選四日前の四月四日、カズの右足のつけ根に打った鍼は、すぐに効果を発揮した。痛みがとれたのだ。鍼治療の特徴の一つは、打ってすぐに効果が現れることだった。

翌四月五日、カズは、練習に参加した。しかし、この練習でまた右足はもとの状態に戻ってしまった。同じ痛みが再発したのである。

カズと武井は絶望的な気持ちになった。カズは、このままでは出場は難しいな、と思っていた。

「もう無理だと思った。あの時点では『大事をとった』としかまわりの人には言わなかったけど、実際には出場が危ういぐらい悪かった。そのことは僕と武井ドクターしか知らなかった。オフトもそれほど悪いとは思っていなかったと思う」

カズは再び武井に委ねて鍼を打ってもらうことにした。カズは武井に対して、最後まで諦めの言葉を一言も発しなかった。「治療をしよう」と言えば「はい」とうなずくだけだった。

カズは武井に対して絶対的な信頼をおいていた。それには伏線がある。中国でのダイナスティカップ、決勝前日のことだった。

カズが武井に「足が痛くて眠れない」と電話をしたのは、決勝前日の夜一二時すぎだった。武井はカズの部屋に行き、捻挫した患部を氷で冷やすことにした。患部がいったん腫れてしまったあとと前では、治療にかかる手間は大きく違った。武井は夜中じゅう二時間おきにカズの足に巻きつけた氷を取り替えた。

「最初会ったときは、変わった先生だな、と思っていた。だけど、ダイナスティで、二時間おきに氷を替えにきてくれて、湿布してタオルまいてとやってくれた。『お前は寝てていい』って言われたけど、足を上げて治療するから起きちゃうんです。だけど、そんなことをしてくれる先生はいないですよ」

実はこのとき、ダイナスティカップの決戦を目前にして、武井の疲れはピークに達していた。堀池巧、森保一をはじめケガ人が絶えず、その治療でてんてこまいだったのだ。武井はカズの治療をしながら睡魔と戦っていた。目覚し時計を持たない武井は、一回カズの治療を終えるごとに大量の水を飲むことにした。尿意をもよおせば二時間後にまた起きることができるからである。

三日後に迫ったワールドカップ予選緒戦を前にして、カズの右足のつけ根への鍼治療は続けられた。六日、七日と練習量を抑えたこともあって、痛みは徐々に引き始めていた。

治療に使われる鍼は四センチ以上で、長いものでは八センチもあった。それを多いときには一度に十数本打った。刺した針は、二〇分以上、刺したままにしておく。刺したあと、ねじったり、まわりを揺すったり、軽くもんだりすることもある。カズはそのあまりの痛さに声を上げていた。刺した痛みというよりも、患部の深部に走る太い痛みがきついのである。ときには、不要になった筋肉の筋を鍼にからみつけ、抜き取ったりすることもあった。

四月七日の夜、つまり試合の前日、カズの右足には三本の鍼が打たれ、念入りにマッサージが施された。

四月八日、対タイ戦の朝、カズの右足つけ根からはほとんど痛みが引いていた。

ホテルオークラ神戸を出たバスは、日本代表チームのメンバー二一人を乗せ、神戸・総合運動公園ユニバー記念陸上競技場へと向かっていた。

バスの中では、歌を歌ったり、冗談を言ったり、それぞれ持ち前のキャラクターを発揮するというのが、このオフトによって選ばれたワールドカップ予選メンバーたちのいつものパターンだった。とにかくバスの中は賑々しいのである。これまで、いく度となく、代表チームの面々はそうやって競技場入りしてきていた。

しかし、このワールドカップ一次予選初日の対タイ戦に向かうバスの中は、これまでとはまったく違っていた。この代表チームになってからは味わったことのないような雰囲気に包まれていたのだ。

三〇分余りの道のりの間、誰一人として口を開ける者がいなかったのである。たまに口を開いても、隣の選手とボソボソ話すぐらいのものだった。鼻唄やギャグが出る雰囲気ではとてもなかった。誰もがワールドカップ予選の緒戦を前にして縮みあがっていたのである。

代表チームの中では国際試合をもっとも多く経験している左サイドバックの都並敏史もまた、かつてないほど固くなっていた。

「自分たちのチームのレベルは非常に高くて、今回はチャンスがあるっていうのがわかっていただけに、逆にこの緒戦は絶対に勝って波にのらなきゃっていう義務感みたいのを感じていたんですね。さらに、僕はこのメンバーの中で唯一タイに負けた（ロサンゼルスオリンピック予選＝二対五）ことのある人間だったんで、侮れないとカチカチになってしまった。自分の役割をしっかりやろうと思っていたんですけど、背中に鉄板が入っているような状態になっていたんです。このチームになってこんなになったのは初めてだな、と思っていました」

技術、戦術、チームの雰囲気、メンタリティとあらゆる面で、四年前の代表チームとは格が違っていた。四年前のチームを経験している柱谷哲二や井原正巳には、そのことがよくわかっていた。八年前に最終予選まで進み、あと一歩のところで本戦出場を逃したことのある都並にとっても、それは同じだった。レベルが高いだけに勝てるという思いが募り、一層の緊張感が彼らを襲っていたのである。

キャプテンの柱谷は、試合前日、ホテルで何人かの選手に、

「この緊張感を楽しもう。楽しめばいいいんだ」

と言っていた。柱谷は、この緊張感は、選ばれた者にしか味わえないものだとも思っていたのだ。

ゲームの前夜、柱谷の寝付きはひどく悪くなった。大小にかかわらず、どんなゲームでもそうだった。ホテルオークラ神戸で、柱谷は、森保一と同室だった。柱谷は例によって寝られない。ワールドカップ予選の初日を前に寝付きがいいはずもないのだ。柱谷は寝返りを幾度となく打った。森保も同じように寝返りを打ちっぱなしだった。

柱谷は、

「しようがねえな。でも、一日ぐらい寝なくたって大丈夫だよ。日頃寝ているから」

と言って部屋の明りをつけた。

しかし、柱谷の試合前夜の寝付きの悪さは、ゲームに対する不安からというよりも気持ちの高ぶりからくるものだった。

「ゲームの展開を考えたり、ひょっとしたら、俺、点を入れてヒーローになれるかなとか、そっちの方ばかりです。負けることじゃなくね。勝ったところを想像してますよね。俺が点を入れて、ヒーローになったらどんなガッツポーズをしてやろうかなって。そういうことを思ってました。あ、考えちゃいかん、考えちゃいかんって思うんだけど、活躍するところばかり浮かんできて」

結局、柱谷と森保が寝たのは、午前三時近くだった。

カズにしても、試合前夜は、いろいろなことに頭を巡らせる。しかし、このタイ戦の前は、思ったよりも平常心でいられた。

「緊張感は、試合当日にならないとなかった。僕自身は、ナビスコカップの決勝とかの方がよっぽど前の日からゲームのことを考えていた部分はあった。そういう意味ではあまり考え過ぎないでワールドカップの予選に入れた。自然に。

僕は、ある意味では、一次予選でタイとかに負けるようなチームなら話にならないと思っていた。そんなのに負けるわけないと思っていた。あるいは、UAE（アラブ首長国連邦）でどうのこうのと言ってたら、ワールドカップなんか話にならないなとも思っていた。だから、僕たちの力があれば、タイには絶対勝てる。そういう気持ちだった。結構気持ちに余裕があったんです」

それでも、バスの中でのカズの口数はやはり少なく、ヘッドフォンを耳に当ててホイットニー・ヒューストンを聞きっぱなしだった。試合当日になってみると、やはり少なからず引き締まった気持ちになっていたのである。

控え室に入った選手たちを支配していたのは、相変わらず重苦しい雰囲気だった。選手たちは皆、知り合いの新聞記者が近くを通ると「こんにちは」と笑顔で挨拶した。しかし、新聞記者が通り過ぎるとスッと笑顔が引いていき、また張り詰めてしまう、そんな感じだった。それは、ダイナスティカップやアジアカップのときにはまったく見られなかった光景だった。

選手たちは、その激しい緊張感をひきずったまま、グラウンドへと出ていった。

四万人を飲み込んだスタンドでは、大小の日の丸が打ち振られていた。ワールドカップ出場への期待は、前年、ダイナスティカップ、アジアカップという二つの大会を日本代表チームが制したことで高まりに高まっていた。

ユニバー記念陸上競技場に『君が代』が流れ始めたとき、カズはこんなふうに思ったという。

「君が代を聞いて、上を向いて、空をずっと見ていたとき、この一戦一戦がワールドカップに本当につながるんだな、っていう感じがした。ああ、これがアメリカにつながるのかなって」

午後七時、ワールドカップ予選は、カズのキックで始まった。日本代表としてワールドカップに出場することを異国ブラジルでずっと夢見ていたカズにとっても、それは大いなるキックだった。

カズは、思い切りよくタイの陣地に向けてポーンとボールを蹴り出した。ボールはゴールキーパーの頭上をわずかに越え、フィールドの外に出た。

しかし、このカズの最初のキックが他の代表メンバーにとってはちょっとした問題だった。

グラウンドの上の選手たちは石のように固くなっている。自分の体であって、自分の体ではないという状態だった。誰もが一度、ボールを回して欲しいと思っていたのである。ゲームの進行具合によっては、ディフェンダーはこのあと一〇分間も一度もボールに触れない可能性もある。それはたまらなくいやなことだった。しかも、この日、芝生はやや濡れていて、滑りやすかった。そんなこともあって、一度ボールに触って気分を落ち着けたかったのだ。

カズはこのときのキックについてこう説明する。

「自分の勘で打ったんだ。タイのキーパーがちょっと前に出てきていたのが見えたから、いいとこ行けば入るかな、と思って蹴った。惜しかったよね」

この意外性のあるキックオフは、たしかにあと数十センチ低ければ入っていたかもしれない、という「シュート」ではあった。カズがプレー中ときどき見せる大胆かつ素早い判断だった。

固さのとれないままゲームは進んでいった。

目測を誤ってボールの上にタックルしたり、いつもはできる簡単なトラップにさえ手こずり、ガチガチのままグラウンドを右往左往しているという有様だった。百戦錬磨の選手の誰もが、互いにひどく固くなっていることを意識していた。そして、そのことが連鎖反応で一層プレーヤーたちの体をこわばらせてしまっていた。

そんな中で、他のチームメートから見て、一番緊張していないように見えたのがカズだった。

そして、緊張を解き放ったのもそのカズだった。

前半二九分、均衡は破れる。チャンスは、タイのスローインで入ったボールを右サイドバックの堀池巧が体を張って奪いとったことによって生まれた。堀池は、後ろのラインの柱谷へとボールをいったん下げ、タイ選手のマークを回避した。柱谷はすぐに目の前の森保一へとボールを出す。タイのディフェンダーを翻弄する短いパスがテンポよく続いたと思う間もなく、さらに森保が右前方至近の福田正博へとパスを出す。このとき、福田は、ゴールとは反対側の右側を見るような形で森保からのボールを受けていた。

最初にボールを出した柱谷は、福田が左側にいるカズのところにボールを出せばチャンスだなと思ったが、そのカズと反対側を向いている福田の体勢を見て、なかば諦めていた。

「福田、カズのことを見てねえのかな、ゴールはダメだなあ」

と柱谷は思っていた。

しかし、このとき、うしろにいたプレーヤーたちには聞こえなかったが、カズはペナルティエリアの左手前を走り上がりながら、大声で、

「福田、出せ！」

と叫んでいた。

福田は森保からボールを受けた段階で、たしかにカズのことを見ていなかった。しかし、福田はその声に反応する。ほぼボールを受けた位置で体を半回転させながら、カズの声がした方へとボールを蹴り出したのだ。「カズはこの辺を走っているだろう」という勘だった。これまで福田とカズはそうやって幾度となく得点を生み出してきた。二人のコンビネーションは抜群だった。

福田から出たボールは、走ってきたペナルティエリア上のカズの前に落ちた。ボールは一度大きくバウンドし、カズの背丈より上に上がってしまう。しかし、カズは、その扱いの面倒なボールに素早く対応する。歩幅をやや刻むようにして、走るスピードをセーブし、落ちてくるボールに足を合わせたのだ。それは本当に、カズの体内の「センサー」の素晴らしさを証明するような、繊細かつ敏捷な動きだった。

カズの放ったシュートは、キーパーが伸ばした手の先を抜け、ゴールへと突き刺さっていた。

ワールドカップ予選最初のゴールは、ワールドカップを目指してブラジルから帰国したカズによって生まれたわけである。

しかし、当のカズはこのシュートに関しては、意外に覚めている。

「嬉しかったし、やったって気持ちはあった。だけど、自分の中でのベストファイブのゴールに入るかというと入らない。ベストゴールっていうのは、ゴールの綺麗さとかじゃなくて自分の感動だから。いいシュートだったかもしれないけど、たとえば、アジアカップのイラン戦（九二年一一月）のときの方が印象に残っているし、震えた。感動は、結局、ゴールした時間帯とか状況にすごく左右されるんだと思う。タイのときは、前半だったし、まだまだ点を取れると思っていたから」

しかし、実際には、このカズの一点だけで、打ち止めだった。

点が入ったあとも、固さは簡単にとれなかったのだ。固くなっているところにタイの思わぬゾーンプレスがきてうろたえた、というのが選手たちの正直な感想だった。十代の若い選手を五人もそろえたタイは、想像していたよりも強くボールにプレッシャーをかけてきたのである。もっともそれは、通常の日本代表チームにとっては、それほど負担になるプレスではなかった。ほとんどの選手が本来持っている力を出せなかったため、プレスに負けてしまったのである。

後半から日本の動きはよくなったものの、結局、日本はリズムをつかめないままワールドカップ予選の緒戦を終えていた。

後半に入ってからはカズの動きも落ちていた。右足のつけ根が再び疼き始め、思うように右足が上がらなくなってきていたのである。逆に言えば、武井の鍼治療がなかったら、カズの一点は生まれなかったということになるのかもしれない。カズが言うところの「武井マジック」がなければ、カズは出場すら危うかったのだ。

内容的にはほとんど見るべきところのないゲームだった。タイにというよりも、ワールドカップそのものの重圧に押し潰されてしまった試合だったのだ。

「物足りなかったけど、とにかく勝ててよかった」

ゲームを終えたオフト監督も、キャプテンの柱谷も、カズも同じ感想だった。そして、この言葉がタイ戦のすべてだった。

ゲームの翌日、神戸から東京に戻って来たカズは、右足に再び十数本の鍼を打っていた。


ワールドカップ・アジア地区一次予選は、このあと、四月一一日に対バングラディシュ、一五日に対スリランカ、一八日に対UAE（アラブ首長国連邦）を日本で行い、その後UAEに場所を移して再びタイ、バングラディシュ、スリランカ、UAEと戦うスケジュールになっていた。つまり、一次予選の日本のゲームは全部で八試合行われるわけである。この五カ国のグループでトップになったチーム、一チームのみが最終予選に進出できる。日本を除く四カ国の中で最も脅威なのは、UAEだった。バングラディシュやスリランカは、タイの戦力と比べても大幅に落ちるというのが戦前の評判だった。

そして、実際にゲームをしてみると、対バングラディシュ戦八点（うちカズが四点）、対スリランカ戦五点（カズ二点）という圧勝に終わったのだ。ゲームは余裕のうちに進められた。ゆとりからくる小さなミスはあったものの、危なげない勝利だった。

都並にいたっては、このバングラディシュとスリランカ戦の二試合では、技を隠していたほどだった。

「僕とか堀池（巧＝右サイドバック）のオーバーラップというのは、一つの攻撃の形になるわけです。だいたいああいう試合では、相手チームは一、二試合前のゲームをビデオで見てこちらの研究をするわけです。そのときに顕著な動きをすると、その相手と当たったときに抑えられるようになりますよね。だから、僕は特にあの日（バングラディシュ戦とスリランカ戦）は派手な攻めをする気はなかったんです。若いときは一試合一試合自分が目立つことばかり考えていましたけど、勝つポイントというのを覚えましたから。大事じゃないときには手のうちを隠しておいた方がいいですよね。八点とったあとに九点目とったって意味ないですから」

都並が警戒した相手は、言うまでもなくＵＡＥだった。ＵＡＥは、なんと言っても前回のワールドカップにアジアから韓国とともに出場しているのだ。

一方、カズの右足への武井経憲による鍼治療とマッサージは相変わらず休むことなく続けられていた。驚くべきことに、ゲームに出場し続けているにもかかわらず、カズの右足のつけ根の状態は徐々によくなっていた。

「最初僕は、このまま、Jリーグの開幕戦を迎えるのかなとさえ思っていた。そしたら武井マジックで試合をやるたびに見事によくなっていった。（二戦目の）バングラディシュ戦のときは右足で蹴るとまだ痛かったけど、四戦目のＵＡＥのときは、ほとんどよくなっていた。だから本当に驚いたんです。普通治らないですよ、あんなすごい痛みがあったら」

対ＵＡＥ戦の前日、カズは練習グラウンドの西が丘サッカー場でコーナーキックの練習を繰り返した。ボールのスピードに緩急をつけたり、コースを変えたり、思い切りカーブをかけて蹴ったりと何種類ものコーナーキックを左右のコーナーポストから試した。

カズのキックの持ち味の一つとして、左右どちらの足を使っても同じような強さで、しかも正確にボールを蹴れるということがある。左右どちらのコーナーポストからでも問題なく蹴ることができた。もちろんそれは、タイ戦における左足のシュートをみてもわかるように、コーナーキックのみで役立つというものではない。体勢によっては、とっさに左で蹴らざるを得ない場面は意外に多い。ましてや、瞬時の判断と行動が求められるシュートシーンとなればなおさら重要なことだった。

都並敏史は、カズをこう絶賛する。

「僕も同じように左右蹴れるけど、カズはその精度が高い。僕のレベルより上です。(左右蹴れる人は)少ないです。左足で蹴れる人がいないから僕なんか重宝がられる。昔よりは蹴れる人増えましたけど、昔は代表チームに左で蹴る人ほとんどいなかったですから」

カズ自身は、自分の左キックの能力についてこんなふうに思っている。

「たぶん、ブラジルで、右利きであるにもかかわらず左のウィングをやっていたことが大きいのかもしれない。ただ、小さい頃からわりと両足一緒の感じで練習していた。右足を使ったら左足も使う。そんな感じだった。それは意識をしてやったというより、自然な感じで覚えたものだった」

そして、対UAE戦での得点は、このカズの左右のキックから生まれることになったのである。

緒戦のタイ戦のときと比べればやや固さはとれていたものの、国立競技場入りした日本代表チームには再び緊迫した空気が戻ってきた。

バングラディシュとスリランカに対して合計一三得点をあげてはいたが、強豪UAEということで緊張が一気に高まったのである。UAEもここまでの三試合を無敗で戦っていた。しかも、ホームでもし負けでもしたら最終予選進出はほぼ絶望的なのだ。いままでやってきたことがすべて無駄になる。それはまたタイ戦のときとは別の緊張感だった。

国立競技場の控え室に入った選手たちは、大きな試合前になるといつも襲ってくる緊張と気持ちの高ぶりの波状攻撃に直面していた。

そんな選手たちの緊張がほぐれたのは、ひょんなことからだった。

緊張すると心拍数があがるという話が控え室で話題になったのである。

都並が、

「俺は小心者だから結構いってるよ」

と言って、まず武井チームドクターに心拍数を計ってもらうと、八〇を超えていたのである。トレーニングしているスポーツ選手なら、通常四〇から五〇の間だった。

「八〇もあるよ！　普通にしてて八〇なんて思い切り、俺、小心者だよ。でも、テツ、お前も意外に小心者じゃないの」

と都並が言ったので、今度は柱谷が心拍数を計ることになった。

まわりにいたメンバーが、

「テツさんはここ（心臓）が強いから、上がらないでしょう」

と茶化した。

しかし、キャプテン柱谷の心拍数は、都並よりさらに多く九〇近かった。

「うわあ、俺も小心者だ」

と柱谷が言うと控え室は笑いに包まれていた。

カズもこのとき一緒に計っていたが、カズの心拍数は六〇ほどだった。

この心拍数をめぐる戯れで、代表チームの中の張り詰めた雰囲気は少しやわらいでいた。

この日の日本代表チームは、タイ戦をもさらに上回る闘争心を持っていた。心拍数の高さは、緊張からというだけでなく、試合に向かっていこうとするテンションの高さの現れでもあったのだろう。

カズはこの対ＵＡＥ戦にある意義を見出していた。

「一対〇でもいいから勝つって気持ちで臨んだ。勝って当たり前って試合じゃなくて、勝たなきゃいけないって試合だったから。国立のお客さんのノリも違ったし、国民が注目しているゲームなんだということをみんながわかっていたからね。

僕がいつも言っていた、『ワールドカップは国が協力しなきゃ勝てない』っていうのは、そういう意味なんです。政治家が動くとかそういうことだけじゃなくて、国民が注目して、みんながワールドカップに出たいという気持ちにならないとこの大会は勝てない。このＵＡＥとのゲームはまさにそういう気持ちだったと思う」

ＵＡＥ側にとっても、当然このゲームは絶対に落とせないゲームだった。勝たないまでも、最低でも引き分けに持ち込まない限り、かなり不利になるのだ。

こうして、四月一八日のゲームは、日本とＵＡＥ両国の闘争心が正面からぶつかる激しいゲームになったのである。

言うまでもなく、この日、開始早々から一番激しいチェックを受けたのはカズだった。ここまでの試合で日本があげた一四点のうち七点はカズが叩き出し、しかもチャンスメーカーとしても大活躍しているのだ。

「チェックされることは、やる前から当然わかっていたことだからね。でも、だからといってケガをしないようにっていうのは考えなかった。怖がっていると余計ケガをするしね。自分自身思い切って、とにかくプレーするだけだと。ケガを恐れずに自分のよさを出していかないといけないと思っていた」

カズがボールを持つとたんに相手ディフェンダーが取り囲んできた。カズは幾度となく倒された。センターフォワードの高木も激しいチェックにあっていた。しかし、これもまたサッカーなのだ。

もちろん、日本のディフェンダーも、UAEのフォワードに対して開始早々からそれなりの「挨拶」をしていた。

一九歳のときに日本代表に選ばれ、国際試合二試合目にして早くも退場処分をくらったことのある都並敏史は、以来「考えたチェック」で相手フォワードを怖がらせてきた。

「前半最初の五秒ぐらいで、一発目のプレーでびびらそうと思ってバーンと（UAEの選手の）足を蹴った。それですぐに謝ったんですよ。そのときは審判はカードを取るそぶりをみせたけど出さなかった。開始五秒とかだと出しにくいんです。一発目ガツンとやっておく。一〇分過ぎると警告になりますから、その前にガツンとやっておいて、こっちの勢いを見せなきゃいけない。そうすれば、向こうは『今日は激しく来ているな』と思うし、やられるのが嫌いなタイプの選手だったら、トラップするときに怖いから逃げちゃう。特にテクニシャンタイプにそういう人が多いんです」

これこそがベテランの技であり、都並言うところの「サッカー界の鉄則」というわけだった。特に「代理戦争」の様相を呈する国際試合では、こうした小技は不可欠なのだ。ただし、そのツケはちゃんとあとで回ってくる。後半二五分、都並は何でもないタックルでイエローカードを出されているのだ。開始五秒でのファウルの代償だった。

オフト監督が「互いにナイフを持って、切るか切られるかのゲーム」と表現した通り、激しく体をぶつけ合うゲームになっていた。

ＵＡＥは厚い守りを敷き、カウンター狙いの攻撃体制である。ＵＡＥの動きは素早く、日本がリスキーな仕掛けをすると、ちょっとしたミスでカウンター攻撃に出てくるという具合だった。ＵＡＥにしてみれば、当然のことながら、引き分けでアウェーを終え、このあと自国でのゲームで日本を破ればいいという考えなのだ。

日本の一点目はセットプレーから生まれた。前半二〇分、カズの左コーナーキックである。

ゴール前には、いつものようにニアには高木、中央には福田が待っていた。

カズのコーナーキックに入る前の気持ちはこうだった。

「直接入ったらいいかなっていうぐらいの気持ちで蹴るときもある。だけど、疲れてきたりするとカーブがかからなくなるし、飛ばないし、スピードも落ちてしまう。あのときは、福田のいる辺りを狙おう、という感じで蹴ったんです」

そして、ボールは狙いどおり大きなカーブを描きながら福田の頭に当たり、いったんフワッと浮き上がっていた。

そこへ飛び込んできたのが柱谷だった。

「ニアの高木に合わなかったら僕、僕に合わなかったら福田と、いつもは三つのポイントを作る。だけど、あのときはタイミングを失って、行こうかなと思っているところでカズが助走に入ってしまった。もうゴールの方へ行っても遅いと思っていたら、たまたまボールがホワーンときた。何てついているんだろうと思った。ただ、ちょっと怖かったんです。相手がクリアしようとして足を上げたから。顔を蹴られるんじゃないかと思って」

ゴールに走り込んだ柱谷は、前傾姿勢のままヘディングでボールをゴールに押し込んでいた。柱谷は、三月の福岡合宿で頬骨を折っていた。再度のケガに対する恐怖をふりきってのゴールだった。

二点目もまた、カズのコーナーキックから生まれた。後半三一分だった。

「インステップに当てたという感じのキックで、まさに正確で、コーナーのスピードもよかったと思う」

と振り返るように、カズにとっては会心のキックとなった。つかまれたり、倒されたり蹴られたりと激しいマークにあっていたカズにしてみれば、コーナーキックで憂さを晴らすしかなかったとも言える。

ニアの高木の頭に合わせたカズのコーナーキックは、寸分のズレもなく高木の頭をポイントとして、ゴールへとボールを送り込んでいた。

前日、西が丘競技場で練習していた多様なコーナーキックが、この日見事に結実していた。

都並はカズのキックの精度についてこう説明する。

「サッカーのテクニックは、キックに限らずそうなんですけど、どれだけデリケートにボールに触れるか。キックの場合、ボールの蹴る場所をどう微妙にとるかのセンスなんです。センタリングにしても、跳ねているボールをどこでとらえるかっていうのは、それはすべてセンス。センスのない人にいくらボールを蹴らせても蹴れない。カズはそれに長けている」

カズがコーナーキックでボールにつけるカーブは、まさにそのセンスによって生まれているというわけだった。

一一人全員が激しい闘争心をむきだしにした対UAE戦は、結局二対〇で勝利をおさめた。この結果、日本代表チームは、ホーム・ゲームを四勝〇敗で終えた。しかも日本の得失点差はプラス一六点。一方のUAEはプラス四点。たとえUAEに行ってからのゲームでUAEに負けて三勝一敗となっても、バングラディシュとスリランカ相手に稼いだ一三得点が効いてくるはずだった。最終予選への扉は大きく開き始めていた。

しかし、アウェー、つまりUAEでの戦いが計算できない以上、まだ安心はできないと選手の多くは思っていた。特にオフト監督はまだ、「アウェーでは何が起こるかわからない」と最終予選への進出をまったく楽観視していなかった。暑さをはじめとする環境面ひとつとっても何が起こるかわからなかった。

日本代表チームは、四月二三日、アラブ首長国連邦のドバイに入った。タイ、バングラディシュ、スリランカ、そしてUAEの四チームと再度対戦するためである。

日本代表は、到着して早々、まず、試合会場と開始時間の変更という手荒い歓迎を受ける。この変更はのちに元の予定通りに戻されたが、日程的にはUAEが有利なように組まれていた。

しかし、そんなアウェーの不利があるにしても、日本が断然有利な位置につけていることは変わりなかった。

ブラジルで幾度となくアウェーのゲームを戦ってきたカズは、こう感じていた。

「タイ戦が勝負だと思っていた。あとは、バングラディシュやスリランカにこけなきゃ大丈夫だなと思っていた。ただ、UAEに行って怖かったのは、レフリーのいやがらせみたいなのがあるといやだな、と。でも、試合が始まってみると別にアウェーって感じはしなかった。というのは、お客さんが入っていない。アラブでタイとやっているわけだからね。そりゃアラブの人はタイを応援するけど、別に二万人、三万人とかじゃなく、五百人も入っていない。そういうのがワーワー言っても別にどうにもならない。アウェーって感じじゃなかったんです」

キャプテンの柱谷は、アウェー、アウェーと騒ぎすぎ、選手の間で動揺が起きる方が怖い、と思っていた。

「僕らは与えられたものの中でやるしかない。むしろ、環境への不満を口にしてイライラしてしまう方が僕は怖かったんです」

つまり、実際には、心配したほどのアウェーの不利もなくタイ戦を迎えることができた。一次予選のアウェー・ゲーム四試合唯一の危機といえば、この対タイ戦で守りの要、井原正巳が思わぬ退場処分をくらったことぐらいだった。

日本はタイ戦を堀池巧のゴールで辛くも逃げ切った。

その後、対バングラディシュに四対一、対スリランカに六対〇と無敗で勝ち進んだ。

そして、チーム全員が「絶対に勝って一次予選を終え、最終予選にいい形でつなげよう」と言って戦った対UAE戦は一対一で引き分けた。負けても五点差以内なら、最終予選への進出が決まるというゲームだったが、カゼをひいた福田に代わって途中出場した澤登正朗の同点ゴールで、黒星なしの一次予選通過となった。一〇月に行われることになっている最終予選への進出を見事果たしたのである。

「向こうはもっと飛ばしてくるかと思ったら、全然だった。やっぱり一次予選のタイとUAEが大事だった。それを突破した段階で、やっぱり日本が断然有利だったんです」

カズの帰国の大きな目的の一つ、「日の丸をつけてワールドカップへ行く」は、こうして大きく一歩前進した。


一〇月一五日から中東のカタールで開催される最終予選に残ったのは、北朝鮮、イラク、サウジアラビア、イラン、韓国、そして日本の六カ国だった。

「イラク以外の国は全部対戦したことがあるけど、どこの国も強い。とにかく緒戦に勝てればいいんだけど」

昨年（九二年）以来、ダイナスティカップ、日本でのユベントス戦、アジアカップ、そしてワールドカップ一次予選と保ち続けてきたある種の勢いのようなものを、日本代表がカタールに持ち込めるかどうか。それはやはり、カズが言うように、そして日本での一次予選のタイ戦がそうであったように、すべては最初のゲームにかかっているのだろう。

緒戦の相手はサウジアラビアだった。九二年のアジアカップで対戦し、一対〇で日本が勝ったチームである。

いま、ワールドカップ本戦出場への扉は、開きそうでいながら、開けるのもたやすくないというのが客観的な状況だろう。しかし、日本チームはかつて「開きそう」という状態を味わったことすら一度もなかったのだ。それはあと一勝というところで惜しくも出場を逃した八六年メキシコ大会予選のときでさえも、あまり強く感じられなかったことである。しかし、いまの代表チームは勢いが違う。重い扉のノブには、ブラジルからやってきたプロフェッショナル、カズが手をかけている。代表選手たちはいままでにない強い意思で、たとえ無理やりにでもこじ開けてやろうと構えている。

「扉とは開くものだ」――選手たちの誰もが確信しているのだ。

エピローグ

アメリカ、そして世界へ

五月九日、対ＵＡＥ戦を終えた日本代表チームが帰国した。ＵＡＥ入りしたのは、四月二三日だったから、一六日ぶりの日本ということになる。

「ホテルに缶詰になっていたときは本当にいやになった。ホテルとグラウンドしかない生活。飽きてしまった。早く終わらないかな、早く終わらないかな、と思っていた。試合やりたいな、早く試合やって帰りたいなと。ケガしてた人はいやかもしれないけど、三、四試合なら、一日おきぐらいでもいいから、もうバンバンやっちゃった方がいいとね。ブラジルで地方にいたときに似ていたけど、まだブラジルの方がよかった。こっちは団体生活だから。みんなでメシ食って、みんなで生活して、時間がきっちりしてってという生活はいやなんです。ＵＡＥじゃテレビ見ていても言葉がわからないし」

キャプテンの柱谷哲二もストレスに苦しめられた。

「ストレスだけはすごかった。ストレスとの戦いだった。昼間は暑いしね。ホテルにベランダはないし。とにかくできるだけ自分の部屋に閉じこもらないで、どこかの部屋に行って人と話すとか、そういうことをしないとダメだと思って、みんなにもそう言っていた」

言ってみれば、それがアウェーの厳しさだった。

ＵＡＥのホテルの部屋は薄暗く、外の景色が見えないようになっていた。近くに海があったのだが、当初、オフト監督が日光浴禁止令を出していたため、おおっぴらには出られなかった。日光浴をすれば体力を消耗するのは明らかなのだ。しかし、結局最後には誰もオフトのいいつけを守らなくなっていた。それほどストレスは日毎に増していった。皮膚が熱くなった選手には消炎鎮痛剤が武井ドクターから渡された。食事のときにはビタミンＣを摂ることが奨励された。

日本でのワールドカップ予選前の合宿を含めれば、丸一カ月以上も集団生活を送り続けてきた選手たちの、肉体的、精神的な疲れは、ある意味でピークに達していた。日本中の期待を一身に背負い、ずっと張り詰めた気持ちで戦ってきた疲れは、たまりにたまっていた。

しかし、彼らの試練はこれで終わり、というわけではなかった。

日本代表として高めていた気持ちを、今度は開幕するJリーグへとうまく切り替えなければならなかったのである。代表選手たちには休む間がなかった。

Jリーグ開幕戦は五月一五日に行われることになっていた。それはつまり、UAEから帰国して六日後、ということだった。

こうしてカズをはじめとする面々は、ワールドカップ予選からそのまま水曜、土曜、週二日ゲームのローテーションに入っていった。

試合のあった水曜日の翌日は軽めのメニューをこなし、金曜日に紅白のミニゲームなどを行う。土曜日に再び試合。日曜日は休みで、月曜日にやや強めの練習を行う。試合前日の火曜日にも練習をし、再び水曜日を迎える。

また、ヴェルディでの公式練習とは別に、カズは自分だけにきっちりと一定の「考えた練習」を課していた。

「体を鍛えるためには、週二回は筋トレをやらないといけない。いまは、試合が立てこんでいて、なかなかできなくなるけど、練習が休みのときに筋トレを入れたりして、三〇分でも一時間でもいいからって週二回やっている」

Jリーグが開幕してからのカズの一週間の練習パターンである。このローテーションは、カズにとっては馴染み深いものでもあった。八八年の〈キンゼ・デ・ジャウー〉時代に、一試合も休むことなく丸八カ月にわたって、水曜日、土曜日の間隔でゲームをこなしていたからである。

結局、Jリーグの第一ステージを終えた時点で、全チームのフォワード選手中、一八ゲームすべてに出場したのは、カズとリトバルスキーの二人だけだった。

ただ、ブラジルと違って、Jリーグでは、引き分けをなくすためにサドンデス方式が導入されていた。選手たちにとって、この延長戦は大きな負担となった。

「延長戦が何回か続いたときは、すごい疲れていて、夜ちょっと寝つけない日が続いたこともあった。（自分の力を）一〇〇パーセント使っちゃうと、あとが大変なんだけど、結局一〇〇パーセント出し続けているから」

そんなハードな日程の中でも、カズが体調を維持できたのは、自ら厳しく体の管理を続けていたからである。この頃カズは、東京の鍼灸師のもとに足繁く通い、故障の芽を早め早めにつみとっていた。あるいは血液検査を受けることで、常に自分の体の状態をつかもうとした。ゲーム中のプレーだけでなく、体をいたわることにも最大限の力を注いでいたのである。

いま、カズは二つの心のバランスをうまくとりながらゲームを迎えている。

「戦う気持ち、闘争心を一定に保つのは、若ければ若いほど難しいと思う。もちろん、性格的なものもあるかもしれないしね。今日一試合燃えるっていうのは、経験のない人でもできるけど、それを二〇試合も三〇試合も保っていくのが難しいんです。何十試合も続けていくには、やっぱり心技体がそろわないといけないし、それを保っていくことが若い人たちには大変なことだと思う。僕も、二〇、二一ぐらいのときは、やっぱりいいときと悪いときがあった。だけど、それがだんだん年とともに、悪いときは悪いときなりのカバーができるようになってきたんです。

それとやっぱりまったく逆に落ち着く心、自分の気持ちを真っ白にできるかできないか、ですね。もちろん、サッカーのことを頭からすべて抜くことはできない。たとえば三日間休みがあって沖縄の海に行ったとする。でもやっぱりサッカーのことを心配している。このラクをしたツケはいつか回ってくるんじゃないかっていう恐怖心が、必ず自分の中にある。頭の中をボーッとさせる時間が必要なんだけど、サッカーを一〇〇パーセント忘れることとなんてできないんです。この休みが終われば練習なんだっていつも考えている。だけど、それでも、静かな心を持つ時間っていうのは絶対に必要なんだと思う。

戦う心と落ち着く心。そういう気持ちが備わらないとダメだと思ってます」

ゲームが短い間隔で連続し始めると、どうしても気持ちの切り替えが難しくなってくる。たとえば、一度負け出すと立て直す間もなく連敗してしまうことが起きやすい。それは選手のコンディションにしてもそうだった。肉体と精神を常に一定にキープすることは意外に難しいのである。

カズはその辺のコントロールの仕方を、Jリーグ開幕後から以前とは少しずつ変え始めている。気持ちの切り替えを短い間で行おうとしているのだ。

「最近、負けたとき、あれだけ悔しいからサッカーのことは考えたくないって言いながら、家に帰ってワールドカップのビデオやゴール集とかマラドーナの特集とかを見るときがある。いいサッカーを見ないといけない、イメージをよくしておこうと思って。昔は負けたときなんかはそういうものをほとんど見なかった。年をとって余裕が出てきたのかもしれないですね」

あるいは、自分の気持ちがダウンしそうになったとき、こんなこともしている。

「やっぱり自分の気持ちを持続していくのって大変だと思う。人間っていうのは、必ず勇気がなくなるときがあるでしょう。僕でもありますよ。多いですよ。そういうときに、たとえば自分が出たドキュメンタリー番組のビデオを見て、いままで築き上げてきたものをもっと大事にしないといけないんだって思ったりする。そういうことをして、自分自身を引っ張っていくこともあるんです。

いまは常に自分を引っ張っていこうとする気持ちがあるから大丈夫だし、やっぱり目標が自分の中にある限りは大丈夫かな、という気はする。まだ、自分の中で見えていないところに向かっていこうとする部分があるから」

カズは前へ前へと走り続ける。前へ進むためにはどういう環境が必要か、ステップアップするための最良の方法は何か、カズは常に考え続け、そして走り続ける。

「いつもひとつ何かをクリアしていくたびに前に進んでいるという感じもしているけど、果てしなく続いているという感じもするわけです。どんなゲームで活躍しようが、自分の中では、どこにも、何にも到達していないという感じです。

自分の夢はワールドカップだから、とりあえずワールドカップ出場が決まったときに、その何かというものに到達するような気もする。だけど、実際にワールドカップの出場が決まっても、その何かというのは見えてこないのだと思う。そりゃ決まったら決まったで最高だし、夢を達成したことになるけど、それは、到達点から今度は通過点にしか思えなくなるでしょう。

結局、サッカーをやっているうちは、その到達点というのは、見えてこないと思う。

人生と同じで、死ぬまでの間は通過点なんです。いまは果てしなく続く道の中にワールドカップがあって、それが夢で、すべてだと思っているけど、また、そこまで行ったら違ったものが出てくるだろうな、と思う」

長い間夢見てきたワールドカップというビッグイベント。そして、その先にあるヨーロッパのプロリーグでのプレー。日本にとどまることを許されているカズの持ち時間は、意外に短いのかもしれない。

カズは、一五歳でブラジルに渡ったときと同じように、再び混沌とした未知の世界へと走り始めている。

ＫＡＺＵ——三浦知良の新たな戦いが、いままた始まろうとしている。

文庫版のためのあとがき

1

私が初めてカズと言葉を交わしたのは、一九九二年晩秋のことだった。場所は、読売日本サッカークラブのクラブハウス内の食堂。木造の古びた建物で、内部にはあり合わせの備品が雑然と並んでいた。廊下は人がすれ違うのもやっとという狭さだった。食堂もいまでは考えられないくらいに鄙びた感じで、逆に言うとなんとなく味のある渋い佇まいでもあった。

練習後、そこで、カズと所属事務所のマネージャーである関根正敏さんと初めて対面した。「週刊文春」でカズの連載記事を書くことになり、この日、最初のインタビューをおこなうことになっていたのだ。

カズは、まだ二五歳。私も三六歳だった。

このとき私は、よもやこののち二〇年にわたってカズから話を聞き続け、つき合いを継続するとは微塵も思っていない。そもそも、取材者と被取材者がそれほど長きに渡って付き合うということに思い至らなかった。そして何よりも、サッカー選手の寿命がそこまで長く続くことが想像できなかったのである。

とにかく、そこからカズとの接触は始まり、翌九三年早春から「週刊文春」で連載がスタートした。毎週四〜五ページで全六回の連載は、読者の人気投票でいつも上位に食い込んだ。久々にスポーツ界に現れたスーパースターのことを皆が知りたがっていたのである。

が、連載途中で、ちょっとした事件が起きる。カズの父親の過去の不祥事について触れたことが、一族の逆鱗に触れたのだ。以来、取材を受けていただいた親戚の方からは、毎週贈呈誌が未開封のまま、ご丁寧に送り返されてきた。電話口で厳しい口調で抗議を受けた。カズからはそのときは直接言われなかったが、少しして、「みんなに迷惑がかかるからやめようか」とやんわり言われた。このときカズ自身は、事実は事実、という思いもあって、別段触れられてもかまわない、というとらえ方をしていたように思う。

いずれにせよ、本書『足に魂こめました』から、その「週刊文春」で触れた部分が落ちているのはそのためである。私もことさら人の暗部を晒したいとは思わないし、もちろんそんな権利を持っているはずもない。ただ、人物の「人となり」を描くときに、どうしても落とせない背景というやつもあるのだ。本書で欠けているところがあるとすれば、その部分である。

また、改めて読み返してみると、まだカズに対して遠慮している表現もあり、突っ込み不足の部分も多々見受けられる。カズもいまに比べると、インタビューへの集中力は著しく劣っていたように思う。ここの部分をもっと知りたい、ここの段落は不要だろうと思うところも少なくない。いずれにしても、全体的に雑な感じが否めないのだ。

あるいは、その後の周辺取材で事実が詳らかになったこともあった。ほんの一例だが、本書の八〇ページに出てくる「スカウトマン」は、当時読売サッカークラブにいた森下源基さんのことである。森下氏にはその後いく度となく取材することになるのだが、この時点では、ごく浅い取材しかしていなかった。そんな事例がいくつもあった。

いざ「週刊文春」で連載が始まると、やっかみの声も聞こえてきた。たとえば、サッカージャーナリストの会合に呼ばれ顔を出してみると、「いったいどんな手を使ってカズに近づいたんだ」と問われたりした。彼らは、幾度となくカズの個人事務所に取材を申し込んではいたものの、断られていたのである。何か、私が特別な手段を使ったのではないか、という疑いを彼らは持っていた。もちろん、私にはいかなる武器もなかった。単行本を二冊出しただけのどこにでもいる無名のライターに過ぎなかった。もし難関をくぐり抜けたのだとすれば、「週刊文春」という媒体、発表のタイミング、掲載スタイル等がたまたま事務所側の意向と合致したにすぎない。事務所が望んだことはたったひとつ。「正面からすべてをきちっと書いてほしい」ということだった。そのためには、とことん取材していただいて構わない。別にいいことだけ書く必要もないとも言われた。実のところ、父親の不祥事を書くことに対してもお咎めはなかったのである。実にありがたい取材環境だった。

六回の連載が終わり、ワールドカップの一次予選が終わって数カ月が過ぎた九三年九月一五日、本書は発売された。カタールでのワールドカップ最終予選を一カ月後に控えた時期である。

本を出したあとも、カズへのインタビュー、つき合いは続いた。いや、むしろ、この本を出したことで、「カズに話を聞くなら、あいつに」という指名が多くなった。二〇年間を振り返ったとき、必ずしも四六時中、寄りそっていたわけではないのだが、途中からは、私も意識的にターニングポイントとなりそうな場面に立ち会うようにした（たとえば、イタリア、クロアチア、オーストラリアへの移籍時などのように）。その積み重ねは、結局、どのライターとも違うカズとのスタンスをつくり出したと言えるのかもしれない。人が見ていないシーンを私は断続的ではあるが、間近でしかと見ていたのである。それは自負する点だし、途中でカズを書きたいという人が出てきても、焦りを感じなかった点でもある。それをもってして、独占というのであれば、結果的に独占的立場になった、と言うことはできるかもしれない。

ここで、カズの所属事務所「ハットトリック」に関しても触れておかなければならないだろう。私は、周囲からどう見られていたか知らないけれど、実のところ「ハットトリック」と付き合うのは、当初気が進まなかった。いや、ハットトリックに限らず、タレント事務所の類は、ライターにとって障壁にしかならない、というのが私の認識だった。彼らがもたらすものは、基本的に制約だけなのだ。できたら、お付き合いは回避したいというのが本音だった。が、そうも言ってられず、最小限、つき合うことになる。

もっとも、一旦取材が始まってしまうと、担当者である関根さんは、私とカズを勝手に放置してくれた。時間のセッティングだけしてくれて、あとは自由にどうぞ、ということが多かった。練習後、クラブハウスからカズの自宅までクルマに同乗し、インタビューさせてもらうこともしばしばだった。たまには帰りがけに他の若手選手とともにランチをごちそうになったりもした。そこは気楽だった。

私にとって、もはや事務所はなんの障壁でもなかった。もっとも、カズや関根さんとの距離が近くなるにしたがって、「御用ライター」のそしりもまた免れなくなる。事情を知らない輩がほざいておるわ、と私は気にしなかったが、嫉妬の目は、常についてまわった。事実無根のデマも同業者によって流された。カズという存在は、左様に誰にとっても魅力的な人物であり、手にしてみたい題材だったわけである。

当時、メディアの中で関根さんの評判は極めて悪かった。何度も取材を申請しているにもかかわらず拒まれれば、誰だっていい気はしない。しかし、私は、カズの近くにいてよくわかった。現実的に無理なのだ。結婚も控えていたし、とにかくあれやこれやと忙しい。スポーツ紙のぶらさがり、サッカー専門誌、テレビとやっていたら、そうそう一般誌の取材など受けられるはずもない。しかも、大小さまざまなあらゆる媒体から毎日数限りないオーダーがファックスで届くのだ。申し込む方からすれば、何度も頼んでいるのになんだよ、ということになるのだろうが、受ける側からすれば、その何度もお願いしてくる社が何十何百とあるということなのだ。電話は一日中鳴りやまず、ファックス用紙はまたたく間になくなった。関根さんがノイローゼになりかけたというのもうなずける。

私は、事務所と適当な距離を取りながら、取材を続けた。

2

本書が出たあとも、カズを取材してほしいという依頼はあとをたたなかった。

一九九三年一〇月、カタール・ドーハで二週間にわたって最終予選を取材した私は、帰国することなく、そのままかつて長期滞在したことのあるイタリアへと渡り、アパートを借り受け、まるまる一カ月を友人とともに過ごした。

「ドーハの悲劇」騒動がようやく少し収まった頃に帰国した私は、ワールドカップ・アメリカ大会への出場を逃した日本代表選手たちの取材をスタートさせた。それが都並敏史さんを主役に据えた『狂気の左サイドバック』だった。

九四年の夏は、カズにとって、また新たな転機の季節だった。イタリアリーグ、セリエAへの挑戦が決まったのだ。私にとっても、カズほどではないにせよ、個人的には大きな転機が訪れていた。『狂気の左サイドバック』がノンフィクションの賞を受賞したからである。サッカーを題材にしたおそらくは日本で初めての長編ノンフィクションということで、私のもとには一気にサッカー関連の依頼が殺到した。スポーツライターという肩書は一度として自ら使ったことがないにもかかわらず、そう称されることも少なくなかった。テレビへの出演依頼、果てはコマーシャルの話まで舞い込んできた（もちろん断ったけれど）。

その後、九八年に至るまでのカズの足跡は、こののち出すことになる『たったひとりのワールドカップ』（幻冬舎文庫、九八年八月二五日刊）に引き続き記した。カズの五年間はざっとこんな感じだ。

九四年　イタリア・セリエＡ「ジェノア」に移籍
九五年　帰国、ヴェルディに復帰
九六年　Ｊリーグ得点王
九七年　国際Ａマッチ一九試合に出場し、一八得点
九八年　ワールドカップ・フランス大会を直前にひかえた六月二日、日本代表最終登録メンバー二二名から外れる

『足に魂こめました』以降の五年間を振り返りつつ、スイス・ニヨンで代表メンバーから外されたときのカズの心境を挿入した『たったひとりのワールドカップ』は、とにか

くスピードが要求され、たった一カ月半でつくりあげた。実際、担当編集者の目の血管が切れるぐらいの過酷な編集作業だった。そりゃそうだ。七月一日に事務所の人々、編集者と打ち合わせをして、八月二五日には本屋さんに並んでいたのだから。ワールドカップを直前で外されたカズの心情を知りたいという人があまた手を伸ばし、この本はごくわずかの間に二九万部も売れた。

世間の風は、一変していた。九六、九七、九八年のワールドカップ直前まで続いていたカズ・バッシングといってもいい批判の嵐は一転、カズをなぜ外したのかの大合唱に変わっていた。近くで見てきた私にとって、それは最大の驚きだった。ニヨンに行くまで、「用済み」の烙印が押され、明らかに逆風に晒されていたのに、それが帰国後、ものすごい追い風に変わったのである。ワイドショーまでかけつけた帰国直後の成田空港での記者会見（「魂は向こうに置いてきた」と発言）のインパクトも大きかった。そして何よりも、カズのいない日本代表がグループリーグで三戦全敗したことで風向きは変わったのだろう。

ただ、いくら世間が味方についたとしても、カズ本人が酷い失望感を味わっていることは疑いようもなかった。ブラジルから帰国して以来、ずっと先頭に立って「日本をワールドカップへ」と牽引してきた男が直前になって手綱を切られたのである。いったいこれ以上残酷な仕打ちがあるだろうか。

そんな閉塞状況を打ち破るかの如く、カズは、自身に新天地を用意した。クロアチアリーグへの挑戦である。九八—九九シーズン途中からザグレブに所属したカズは、一二試合に出場する。そして、クロアチアから帰国したカズは、京都パープルサンガ（九九〜二〇〇〇年）、ヴィッセル神戸（〇一〜〇五年）に所属しながらプレーを続ける。

しかし、二〇〇五年、三八歳になったカズの出場機会は徐々に減っていき、監督が交代してからは、控えチームに回されてしまう。

カズがそこで導き出した答えは、J2でプレーするという思いもしないものだった。いまでこそ、代表クラスのベテランがJ2でプレーすることは珍しくなくなったが、このときは、そこまでやるのか、と誰もが驚きを禁じ得なかった。

新たな移籍先が決まった日、たまたまカズのそばにいた私は、次のような一文をブログ（「人の引力」）に書いている。少し長いが引用する。

二〇〇五年七月一九日のブログである。

＊

「いぶきの森」に到着すると、サテライトの練習時間が変更になっていて、午後1時から御影工業高校と練習試合となっている。仕方ないので、一度神戸市内に戻ることに。途中、カズから電話が入る。「今日、1軍の練習は午前中で、僕ら2軍は午後からだから」と笑いながらカズが言う。サテライトを2軍と称し、自分を茶化すところがカズらしい。カズは、パベル監督になってから、先発メンバーどころかベンチにも入れず、18、19歳の選手たちに混じってサテライトでの練習を続けている。にもかかわらず、「腐った態度も見せず楽しそうに練習をしている」とカズのマネージャーから聞いて、どうしても見たくなって神戸までやってきたのだ。サテライトでやっている、と思うと胸が痛んだ。まったく無粋な監督としか言いようがない。カズにはもともと逆境を楽しむというか、それを糧にして前へ進んでいくようなところがあって、私はこれまで何度もそういうシーンに立ち会ってきた。ただ、今回のように、まったく試合に出る可能性がなくなってしまったら、どうしようもない。J2の横浜FCへの移籍話も致し方ないというところだろう。

結局、練習試合は相手が来ずに直前になって中止。気温がジリジリと上がっていく中、紅白試合が始まる。グラウンド上は40度近いのではないか。

練習後、引き上げてきたカズを報道陣が取り囲む。横浜への移籍話がほぼ決まりそうとあって、報道陣も20名近く集まって来ている。テレビも2台入っている。カズは淡々と契約が最終段階に入っていることを伝えると、炎天下の中で待ちかまえていたサポーターたちの方に歩いて行き、すべての写真撮影とサインに根気よく応じる。サインをもらいながら涙している人も何人かいる。4年半、カズがこのチームに何を残したかをよく知っている人々だ。神戸は実に大きな「核」を失うことになった。サポーターと違い、オーナーや監督は、カズの「重さ」をやはり本当にはわかっていなかったのか。

カズのクルマについて、三宮方面へ。途中一度、峠の茶屋の駐車場にクルマを止め、電話で話し始める。しばし話したあと、再び動き出す。30分足らずで三宮に着く。いったいどこへ行くのだろうと思っていると、「40分トレーニングするからつき合ってもらっていい?」と、街中の雑居ビルに入っていく。こんなところにジムがあるのか、と思っていると、そこはなんとカズが個人的に借りている初動負荷のトレーニングマシンが置かれている部屋だった。自宅とは別にこんな部屋まで借りてトレーニングしているのか、と驚く。

部屋に入ると、カズはスウェットに着替えながら言った。「さっき決まったよ、横浜。すごくいい条件で。それは、お金の問題じゃなくて、僕をそれだけ評価してくれているということだから。もちろん、お金も大事だけど、それだけじゃない。それは僕に対する期待の大きさであって、僕はそれに応えていきたい」。さっきの峠の茶屋でクルマを止めたときに、いくつか残っていた細かい条件もクリアになり、契約の話がまとまったのだ。

トレーニングをしている間にもひっきりなしに電話がかかってくる。そのたびにカズは「決まりました」とか「横浜に行きます」と報告する。記者会見の日程や、7月30日の水戸戦（三ツ沢競技場）から出場することなどが次々と決まっていく。部屋の大家さんがやってきて、「カズさん、せっかくいい人に入ってもらったって喜んでいたのに、さびしくなるわ」と嘆く。

38歳のカズは、自分の体を維持するために、これまでも惜しまず財を投入してきた。自分にフィットするマッサーを毎週東京から呼び寄せるだけでも年間費用はものすごい額になる。それはしかし、大好きなサッカーを少しでも長く続けていくための代償ということなのだろう。

夜、事務所関係者や神戸在住の友人、仲のいい他チームの選手ら10人ほどで、ごくごく内輪の言ってみれば「移籍決定の祝宴」を市内の焼き肉屋で開く。大好きな神戸の街を去る一抹の寂しさはあるものの、カズの表情は晴れ晴れとしている。もちろん、新天地が必ずしもいい環境にないことはカズも知っている。けれども、どんなフィールドにせよ、とにかくピッチに立ち、ボールを追い、戦えることが嬉しいのだ。
食事後、全員で「ゼンちゃんの店」に移動する。試合後、決まっていく店だ。開幕戦でゴールした晩もここを仲のいいみんなで訪れた。あの日、まさかシーズン途中でJ2に移籍することになろうとは夢にも思わなかったわけだが。

*

このブログを書いた段階で、正直、カズの選手生命はあと二、三年だろう、と勝手に思っていた。このときカズは三八歳。四〇歳がやはりひとつの山になる、と思ったのだ。ところが、カズのサッカーは終わることはなかった。その後も毎年、最年長出場記録、ゴール記録を自身で塗り替えていくのである。
私の中でのテーマは、いつの間にか「なぜカズはサッカーをやり続けるのか」に変わっていた。

3

その後も、カズは、自身を焚きつけ、モチベーションを落とすことなく、練習をこなし、試合に出続けた。

カズが大きくギヤを入れ替えるのは、二〇〇四年のことだ。食生活を劇的に変えたのである。これがカズの選手寿命をまた延ばすことになった。もちろん、もともと身体が丈夫だということが土台にある。いまだ、カズの身体には一度としてメスは入っていない。まさに「無事これ名馬」である。

二〇一一年一月に発売された「Ｎｕｍｂｅｒ」（７７０号）のアスリートの食特集「僕はこんなものを食べてきた。」で私はカズの食生活について書いている。カズが長らえてきた理由のひとつがここにあるので、やはり少し長いけれど、転載してみる。

＊

カズの「食の記憶」は、小学生時代の土曜日から始まっている。

「土曜日の昼は、『サッポロ一番』に卵を溶いて入れた、母さんが作ってくれるインスタントラーメンを食べていた、という印象が強いんです。卵が麺にからんだのが美味しくて。昼食の後は、2時から5時ぐらいまでサッカーの練習をやって、夕方から叔父さんがやっているサッカーショップで手伝いをしていた。で、『8時だョ！全員集合』を見終わって、店を閉めて叔父さんと一緒に静岡の暖簾街に行くんです。カウンターの店で、焼き鳥とかおでんを食べるんだけど、大人に混じって食べるのが楽しくて仕方なかった」

母・三浦由子さんの記憶は少し違っている。

「鍋でインスタントラーメンを作ったことはあったけど、私は、そんなに出していた覚えはないんです。どっちかというと体によくないと思っていたから。とにかく知良は、すごく食が細くて、大丈夫かな、というぐらいいつも食事を残していた。変わったのは、小学5年生ぐらいのときでしたね。たぶん、サッカーに気が入り出したんだと思うんですが、その頃から『体育館で筋トレをしてきた』とか『こんなものを食べた方が体にはいい』とか言い出したんです」

中学校に上がる頃には、カズの中で「サッカーのプロ選手になる」は、次第に動かし難いものとなっていく。そして、それはやがて、「ブラジルでプロに」という野望へと変わっていった。

高校を中退した15歳のカズは、82年12月30日、ブラジルへと渡る。その2日後の元日、父親とともに現地在住の日本人宅へと食事に招かれた。ブラジルに着いてすぐに日本への郷愁を感じたカズは、とりわけこんなシーンが頭に残っているという。

「そこで透明な汁の東京風のお雑煮が出てきたんです。最初は、『これ、何なの。雑煮じゃないじゃん』と思った。静岡の醬油ベースのすごく色が濃い汁にどろどろに溶けた餅が入っているものを当然全国で食べていると思っていたから。親父が『これは俺たちにとっては雑煮じゃないよな』と小声で言ったのを覚えています。でも、これから大変な所に飛び込むときに、日系の人によくしてもらったのは嬉しかった」

1月4日、練習生として「ジュベントス」の寮に入る。ここでカズは、ほぼ毎日、同じ料理を口にし続けることになった。

「パサパサの米にフェジョンと呼ばれる豆、フィレステーキ、サラダ。ブラジルに行って2年ぐらいは、昼夜ほとんど毎日それでした。飽きるも何もそれしかないわけで。でもジュベントスは専属のコックがいて、すべてのものが食べ放題という恵まれた環境でもあったんです」

ブラジルに着いたときに170センチ、53キロだった少年は、フェジョンとステーキを食べ続ける中で、わずか半年後には176センチ、65キロと逞しく成長していた。

その後、「キンゼ・デ・ジャウー」のジュニオールに移籍して17歳10カ月で（公式戦）プロデビュー、86年にサントスFCに入団する。が、この名門クラブで結果を出すには至らず、パラナ州の中堅チーム「マツバラ」へとレンタルされる。そこで待っていたのは、食事も含め、「ジュベントス」とは比べようもないぐらいの劣悪な環境だった。

「とにかくバス移動が多く、片道23時間かけて行った先でゲームをやって、そのまま泊まらずに帰ってくるなんてこともあった。そんなときの食事は高速道路のインターで一日に3、4回、同じ肉料理ばかり食べるわけです。クラブでは、残って練習することもあって、帰ってくるともう食堂にはハツが3個しか残っていないなんてこともあった。クラブに資金がないから量も少なかったんです。だから、街のレストランに出かけて行って、自分の金で食べたり、近所の人に食べさせてもらったりしていました」

87年、「マツバラ」から2000キロも離れた東部のクラブチーム「CRB」へと移籍し、レギュラーとして活躍したカズは、「キンゼ・デ・ジャウー」へと引き抜かれ、88年、サンパウロ州一部リーグにおける日本人初のゴールを決める。翌年、「コリチーバ」へと移籍してからはさらに活躍の機会が増え、次第にブラジルで名声を得ていった。

「チームでは毎日変わらず、ステーキ、フェジョン、パサパサ飯なんだけど、この頃には、自分のお金でいいレストランに行って、肉とか魚を自由に食べるようになっていました。でも、まだ若いし、腹一杯食えたらいいや、という感じで。別に舌も肥えてないし、味とかが本当にわかるようになったのは、日本に帰ってきてからでした」

90年7月に帰国したカズは、読売クラブ（現・東京ヴェルディ）と契約し、Jリーグブームの牽引車となった。日本代表でも華々しい活躍を遂げてゆく。

だが、こと練習に関しては手を抜くことはないものの、20代独身時代の私生活はやはりときに放埒で、暴飲暴食への嫌悪感もいまとは比べようもないぐらいに薄かった。

「実は20代前半は、朝飯をまったく食べない人だった。ヴェルディが天皇杯を勝ち進んでいるときに、クリスマスパーティに出ちゃって、イチゴショートケーキをホールごともらって帰ってきたことがあったんです。で、次の朝、出かける前に朝飯代わりにそのケーキを丸々一個食べて練習に行ったことがあった。いまだったら、確実に吐くと思う（笑）。何を食べたから体調がいいとか悪いとか、そういう意識がその頃はまるでなかったんです」

93年夏に結婚してからは、妻のりさ子が作る手料理を食べるようになって、少しずつ食事の内容は変わっていくが、それでも、食べたいものを自由に食べるという習慣は変わらなかった。

「今日はトンカツを食いたいと思ったらトンカツ、ラーメンを食べたいと思ったらラーメン、すき焼きやりたいと思ったらすき焼きという感じでした。朝もパンだけ食べて出かけていくこともあったし」

94年にはイタリアのジェノアに1年契約で期限付き移籍し、アジア人初のセリエAプレーヤーに。帰国後はヴェルディの中核選手として活躍し、96年にはJリーグ得点王にも輝くが、98年にはワールドカップ日本代表メンバー落ちという悲劇も経験する。

翌99年は、クロアチアのザグレブで半年を過ごした後、京都パープルサンガに入団。若い選手たちに混じっての寮生活を始める。寮の1階には外部の人も利用できる普通のレストランがあって、ほぼ三食をここでとった。

「京都の頃も栄養バランスとかはあまり考えていなかった。自分の経験で、試合が近づいてきたから、炭水化物を増やした方がいいな、とかそんなことを少し思うくらいでした」

京都から戦力外通告を受けた00年、カズは、30試合に出場し、17得点を上げる。神戸に移籍した翌年は、29試合で11得点。しかし、こののち、02年は3点、03年は4点と急速にそのパフォーマンスは落ち始める。

年齢は30代半ばにさしかかっていた。

「体が変化していた。ちょっとキレがなくなって、動きづらくなってきていた」とカズ自身、感じ出していた。

何か手を打たないとサッカーを続けられなくなるかもしれない、という危機感も芽生えてきたのだろう。37歳を迎えた04年に入って、カズは身体の改造を試み始める。

まずは、のちに恒例となる年頭のグアムでの自主トレーニングをスタートさせた。フィジカルコーチとして喜熨斗《きのし》勝史を呼び、99年から専属でついている竹内章高マッサーを帯同しての合宿だった。

「喜熨斗さんからは『フォワードだったら、そんなに長い距離は走らないだろう。ペナルティエリア付近でどんなにダッシュしても30メートルなので、そこで勝負するキレのある体にしよう』と言われ、メニューを組んでもらった。この年のシーズン中に僕は体脂肪を一気に落とし、体重を73キロから69キロにしたんです」

04年のシーズン初め、ヴィッセル神戸の管理栄養士だった明治製菓ザバスの大前恵と言葉を交わしたことで、カズは新たなヒントを得る。

大前が食事とスポーツ選手のパフォーマンスがいかに密接な関係にあるかを説明すると、カズは、「本当にそんなに関係があるの?」と尋ねてきた。大前は、バランスよく食事をとることの重要性を熱心に説いた。身体の変革の必要性を感じていたカズは、その言葉を正面から受けとめ、このとき、自身の食生活を見直すことを決意したのだ。

大変だったのは、その次の日からだった。

夕方6時になると必ず大前の携帯に、「いまからメニューを読むので、どれを食べればいいかを教えてほしい」と、飲食店にいるカズから電話が入るようになったのだ。体脂肪を気にしているのがわかったので、基本的には高タンパク低脂肪になるように指示したのだが、翌日も翌々日も同じような電話が大前のもとにかかってきた。

大前は、「カズさんはいま何を食べたいですか？」と尋ねて、その答えを聞いた上で足りないものを加え、過剰なものを削るようにした。根底から食への意識を変えたカズは、次のようなことを実践し始めた。

「たとえば肉だったら、昔はサーロインとか霜降りのステーキとかを食べていたけれど、脂のないフィレに切り替えた。野菜にしても、温野菜だったり、サラダだったらドレッシングではなく、少量のオリーブオイルと塩だけとかにしました。牛乳も低脂肪にして、揚げ物とかもほとんど食べないようにと、食生活を一変させたんです」

しばらくの間、カズは、大前に携帯電話で撮った毎日の食卓の写真を送り続け、アドバイスを請うていた。同じ頃、血液検査の結果、鉄分不足というデータが出たカズが、「鉄は何を食べればとれるのか」と尋ねてきたことがあった。大前が「レバーとかあさりとかですね」と答えると、なんとカズはその日から、夕方の4時頃に食事とは別に、レストランにレバーだけを単品で食べに行くようになった。レバーを食べて家で自炊の夕食をとるということを1週間繰り返したのだ。その徹底ぶりが大前には驚きであると同時に新鮮だった。

「1カ月ほどアドバイスを続けたところで、カズさんと私が選ぶものが一致してきたので、『もう私はいらないと思います』と言って、後はご自身でやるようになっていったんです」

だが、その後もカズは、ことあるごとに食に関するアドバイスを大前に求めてきた。

「自己意識を変えて、食べ物を変えて、ということを1カ月やる選手はいますが、それを何年もずっとやり通すということはなかなかできないものなんです。周りの人も巻き込んで、ずっとやり続けるカズさんは本当にすごいと思いましたね」

05年夏、カズはシーズン途中でＪ２の横浜ＦＣへと移り、同年秋には、シドニーＦＣに期限付きの移籍をする。このシドニー滞在中にカズは、日本から一人の調理師を呼び寄せている。横浜ＦＣのメインスポンサーであるフードサービス会社「レオック」の石川勝則だ。

シドニーに入ってからというもの、外食に頼らざるを得なくなった結果として、カズの体脂肪は少しずつ増え始めていた。その訴えを聞いた横浜ＦＣが好意でレジデンスホテルで暮らすカズのもとに石川を派遣してくれたのだ。石川は、こののちカズのレジデンスで、現地で食材を求めながら、1カ月間食事を作り続ける。

「初対面ですし、キング・カズだし、最初は気を遣うので別のホテルに泊まろうとしたんですが、『一緒に住めばいい』と言われて結局ずっと寝食を共にすることになったんです」

この頃、カズがとにかく気にしていたのは、油だった。台所にある油の減り具合をチェックするほど神経質になっていた。石川は極力油を使わず、同じ挽肉でも脂身の少ない赤身を選ぶようにした。市販のソースに含まれる微量の油すら忌避するようなところがあり、調理には工夫が必要だった。もちろん、シドニー滞在中に揚げ物を出したことは一度もなかった。

「カズさんは、僕の出す食事を『美味しい、美味しい』って言って食べてくれるし、作り始めて3、4日後ぐらいからは『体脂肪も落ちていって、体にもすごいキレが出てきた、パフォーマンスが上がってきた』と喜んでくれた。やっと日本と同じような食事ができるという安心感も大きかったと思うんです」

カズは、この後も石川を傍らから手放さなかった。年が明けた06年のグアムの自主トレはもちろん、単身暮らす自宅での食事はすべてこの石川が作るようになるのである。

たとえば、石川が作る朝食の定番は、次のようなものだ。

白米、味噌汁、焼き魚、納豆、サラダ、お浸しなどの小鉢、フルーツ2品、ヨーグルト、牛乳。

このメニューは、シドニー以来、現在に至るまでほぼ変わっていない。

「カズさんは、あんまり炭水化物はとりたがらない。普段ご飯はだいたい1杯に抑えています。普通のサッカー選手に比べると若干カロリーは少なくて、3000キロカロリー後半から4000キロカロリーぐらいですね。たまにおはぎとかは食べますけど、それも1個だけ。間食もまずしません」

シーズン中、カズが外食することはほとんどない。飲酒もごくたまにだ。その辺の線引きは見事としか言いようがない。

「外に行けばいくらでも美味しいものがあるのに、カズさんは外食をしたがらない。僕が作るとどうしても素っ気なくなってしまうものもありますしね。たとえば、肉にしたって国産牛ではなく、脂が少ないオージービーフを使うんです。食べれば絶対に国産牛の方が旨いはずですが、カズさんは脂の少ない方をとる。グアムキャンプでも、他の選手はバーベキューとかイタリアンとかを食べに出るけど、そういう店には一切行かず、部屋で食べる。食事も仕事の一環だというふうに四六時中思っていないとできないことでしょう」

石川はいま、カズの自宅近くにアパートを借りている。毎朝5時すぎに起きて朝食を作りにカズの自宅へと向かう。

贅沢な食事をするためでもなく、美味しいものを食べるためでもなく、逆に、節制をし、バランスをとるために調理師を雇う。美食ではなく粗食のための専属料理人。5年もの長きにわたって、一人の料理人をマンツーマンでつける。それは究極の自己管理とも言える。

だからこそ、石川はこう思う。

「一年中ストイックなものを食べているのだから、制約がある中でも、少しでも美味しいものを食べさせてあげたい」

そんな長い間の積み重ねがひとつの形となって現れたのが10年12月4日の対大分トリニータ戦だった。J2のリーグ最終戦だ。

カズは、このシーズン、一度たりともスターティングメンバーに名を連ねていなかった。いや、前年度も含めれば、1年5カ月もの間先発としてピッチに立っていなかったのである。それでも、カズは、90分試合に出るためのパフォーマンスを常に用意し続けた。

マッサーの竹内章高《あきたか》はそんなカズをずっと傍らで見続けてきた。午前練習の前にカズの体を触り、練習後に触り、午後練習があれば、夜にも触る。練習、試合中のサプリメントの管理も竹内が担当する。カズがオンのときは四六時中、手の届くところに立っているのが竹内だった。

竹内もまた、カズの食生活の大きな変化を目の当たりに見た一人である。

食の変革が始まる2年前の02年にはこんなことがあった。神戸でのホームゲーム終了後、いつもなら引き上げる竹内が、カズに誘われ、珍しく一緒に食事することになった。

カズが入っていったのはラーメン屋だった。

「試合後の選択肢としてラーメンはないな、と思ったんです。本当は試合後だから、炭水化物というよりも、壊れた体を治すための成分、つまりはタンパク質を入れてあげないといけないんです。肉、魚、卵とか。ただ、唯一妥協できるとすれば、試合が終わったんだから、食べたいものを食べてもいいかな、ということだけですよね。そのとき、店には豆腐もおいてあったので、『カズさん、これも食べませんか』って勧めたら『いいよ別に』と言われたのを覚えています」

そんな時代を知っているだけに、04年、37歳になってからのカズの変化は、竹内にとっても大きなインパクトがあった。そして、その変革があったからこそ、いまのカズのパフォーマンスはあるのだ、と竹内は言う。

「試合前に必要なエネルギーを摂り、そのエネルギーを使って、試合後にしっかり考えられた栄養を補給すれば体重の減少はそんなに起きないんです。回復が早く、次の準備がしやすい。落ち幅が少ないから、その後もいろいろな練習ができます。けれども、試合で体重が減ったからといって好きなものだけを食べていると、壊れた筋肉が戻らないから、筋肉はどんどん痩せていく。そこでさらに無理して力を使ってしまって、余計に疲れる。そういう悪循環に陥る。1年ぐらいはわからないまま続くかもしれないけれど、ある日突然、何かのポテンシャルが落ちたりするんです」

大分戦に臨むカズの体調は万全だった。90分のフル出場も大丈夫、と竹内は思っていた。ゲームのフル出場経験がない今シーズン、唯一予想がつかないことがあるとすればスタミナだが、体重も安定しているから乗り切れると確信していた。

驚くべきことに、大分戦の前日の昼から、カズは炭水化物だけしかとっていない。うどん、パスタ、米のみ。サラダすら食べていない。ご飯には何もかけずに白飯だけを食した。

「エネルギーをためないといけないんだけど、そんなに一気には食べられないでしょ。試合当日は7時の朝食にパスタ、9時の軽食もパスタをとったけど、そんなに量は食べられない。炭水化物だけを摂るために、ミートソースのパスタは、混ざったミートソースを取り除きながら食べたんだけどね」

カズは体重の振れ幅をすべてコントロール下においており、いまやそれはコンマゼロ単位まで調整する、〝ミクロの世界〟に突入している。シーズン中の木曜日と金曜日の朝は、起きた段階で69・5キロ、朝食を食べて70キロを少し超えるぐらいのところに持っていく。試合のときは、試合中に3パーセントほど減少することを想定して、71・5キロまで上げるのがカズの理想だ。

ところが、10年のシーズンは、スタメン出場がなかったため、食事のとり方が難しく、この大分戦の直前の計量では食べたつもりでも70・8キロしかなかったのである。

「71キロ以下だとバテるんです。これは気候とか試合展開によっても違うから単純には言えないんだけど。ただ、この大分戦に限っては、僕はもう少し体重がほしかった」

竹内は、いつも試合が始まる1時間前に、ザバスの「グリコーゲン」をスポーツ飲料に溶かし、カズに与えている。グリコーゲンは日本サッカー協会が明治製菓に依頼して作った栄養剤である。バナナ1本と同じぐらいのカロリーで、10分ほどで体内に取り込まれる。これによって、カズの体重は71キロを超えた。

カズが振り返る。

「多分にメンタル的なこともあるんです。71キロあれば安心だという。とにかくテクニカルな部分や戦術面では心配はなかった。ただ、スタミナだけが心配で、そんな細かい調整をしていたんです」

前半は0―1で折り返した。

ハーフタイムの控え室でカズは再びスポーツ飲料に溶かしたグリコーゲンを飲んだ。

そして、迎えた後半5分。高地系治からボールを受けたカズはディフェンスをかわし、ペナルティエリアの外からシュートを放った。ボールはゴール左隅に突き刺さり、同点ゴール。こののち、両チームとも1点ずつを加え、結局引き分けで最終戦を終える。

カズは、今季初先発でフル出場し、ゴールをあげるという素晴らしいパフォーマンスを見せたのである。

43歳9カ月で見せた戦果は、04年に始まったカズの「食革命」のひとつの結果だろう。

もっとも、丸5年ほど続いた食の変革は、ここ2年ほどで少し穏やかになった。一滴の油をも拒絶するような原理主義は薄れた。しかし、それでもサッカー選手の中では突出したストイックさを保っていることは疑いようもない。

その禁欲的な生活をカズが維持し続ける理由はただひとつ。1日でも長くサッカー選手としてプレーしたいから、1分でも長くピッチに立っていたいからだ。そのモチベーションはいまなおまったく衰えていない。

「一日一日を精一杯やることの積み重ねでここまできた。いまも不思議と気持ちは10代、20代のサッカーをやっていた頃と変わっていないんです。若い選手と変わらない練習量をこなせる、遜色ないタイムで走れるというのがいまの自信につながり、支えになっている。だから僕自身は別に食生活がストイックだなんて思っていない。常にサッカーのためによかれと思ってやっていることのひとつにしか過ぎないんです」

4

この食をめぐる話を書いた二カ月後、のちに東日本大震災と名付けられる大地震が起きる。東北地方が壊滅的な被害を受け、日本中の経済活動が停滞する中で、「カズに学べ。」と銘打たれた意表を突く特集が「Number」(778号)で組まれる。二〇一一年五月。皆がまだ原発事故に怯え、混乱のまっただ中で佇んでいる時期である。

ここにもカズが長らえてきた理由が書かれている。ワールドカップのメンバーから落選したことに対して、カズ自身が吐露した言葉が印象的だった。

記事は、当然、人々の記憶に深く刻まれた三月末のチャリティーマッチにも触れている。

*

波に洗われた家々の瓦礫が広がる中を「がんばれ岩手」とペイントされた真っ赤な大型バスがそろりと進んでいく。バスの中の横浜FCの選手たちは重たい気持ちで車窓ごしにその絶望的な光景を眺め続けている。

ここ岩手県大槌町は今回の震災で壊滅的な被害を被った地域のひとつである。町民のおよそ3分の2が避難所生活を強いられている。この日、つまり4月18日の段階でもなお、町民たちの避難所生活は続いていた。

避難所となっている吉里吉里《きりきり》小学校へとバスが滑り込むと、待ち構えていた老若男女が歩み寄り、降りてくる選手たちを取り囲んだ。お目当ては言うまでもなくカズだ。

前日に盛岡で炊き出しを行ない、地元のクラブ、グルージャ盛岡との練習試合をこなした選手たちは、この日、釜石の小学校で子どもたちとゲームをしたのち、ここ大槌町へとやってきた。

もみくちゃにされながらも、カズは子どもたちと握手を重ね、サインに応じた。チームの被災地訪問計画に対し、当初、カズ自身は複雑な思いを持っていた。あれだけの大きな被害を受けた地域にどんな言葉を持って行けばいいのか。不用意に頑張ってください、などと声をかけられるはずもない。いちサッカー選手が行くことでいったい何ができるのか——。

が、実際に子どもたちとサッカーボールを使って戯れてみると、屈託のない笑顔が浮かび、素直に喜んでくれた。子どものみならず、多くの人々の顔がほころぶのを見て、カズは、ただただコツコツとサッカーに打ち込んできた結果として、この場に立っている幸せを逆に感じ取っていた。

——3月11日午後2時46分、カズは、自宅の組み立てマットの上で、竹内章高マッサーのマッサージを受けていた。

「次の日から大分戦の遠征に出ることになっていて、試合の前々日ということで、いつもより多めのマッサージを受けていたんだ。で、地震が来て、ウチも結構揺れたんだけど、この段階ではそれほどひどいとは思っていなくて、そのままマッサージを続けていた。テレビも少しつけたんだけど、夜9時ぐらいにはいつものように寝てしまって。

翌朝、特に情報もないままクラブハウスに行って、とんでもないことになっているということを初めて知った。大分戦はもちろん中止になるわけだけど、この段階ではまだ次の週は試合があるかもしれない、という感じで。ところが、時間の経過とともに、次の週にサッカーなんかできるはずはない、となって、さらに、2日、3日と日が経つにつれて、亡くなった方の数がどんどん増えていき、もはやスポーツなんかやっている状況じゃないとなっていった。

それでも、地震の翌日の土曜、日曜は練習をやった。僕らにできるのは、練習しかないから。でも、原発の問題が出てきてからは、毎日「今日も休みになりました」とクラブから連絡が来て、結局、6日間も練習が休みになったんだよね。

これからどうなるのかわからないまま、自主トレを続けていた。1カ月後に始まるのか、2カ月かかるのかなと考えながら。そんなときに、3月29日のニュージーランドとの代表戦がなくなって、日本代表とJリーグ選抜が試合をするというニュースが入ってきた。

その発表があって、すぐに僕のところに連絡が来た。それで、3月22日に記者会見をやるわけだけど、正直、本当にこんな中でチャリティーゲームができるのかな、という思いもあった。最初はもう、とにかく自粛ムードで、世の中の意見もめまぐるしく変わっていたし」

3月29日、大阪の長居スタジアムには、本田圭佑、長友佑都、長谷部誠といったヨーロッパ組が集結、Jリーグからも田中マルクス闘莉王、川口能活、中村俊輔ら代表クラスが参加した。この豪華メンバーに「東北地方太平洋沖地震復興支援チャリティーマッチ　がんばろうニッポン！」と銘打たれた大会チケットは即完売した。

「ゲームはいい戦いになると思っていた。代表組は、ヨーロッパでやっている自信とか、アジアカップで優勝した誇りとか、そういうものを持っている。でも、Jリーグ選抜も次のワールドカップに行けるメンバーばかりだし。僕は、久しぶりに代表のプレーを体感したいな、という感じだった。44歳の選手にできるんだろうか、という疑問を持っていた人はいたかもしれないけど、体調もよかったし、自分では全然心配していなかったね。

試合前の新聞報道とかを見ても、みんなが期待しているのはわかってた。12人のヨーロッパ組対カズ、みたいになっていて（笑）。関西のデイリー（スポーツ）で裏一面になるなんてことはまずないから。でも、それをあまり重たいとは思わなかったし、自分がゴールしなければいけないとも考えていなかった。チャリティーでみんなが集まり、お金を集めて、義援金として送るというのが最大の目的だったから。

試合前に監督のピクシー（ストイコビッチ）からの指示はゼロ。ただ、最初、『残り15分で出す』と言われて、俺は15分しかもたないと思われているのかって、ちょっと気分を悪くした（笑）。同じ時代にサッカーやってきてそれはないだろう、試合前日に練習やっているのだって見ていただろうって。俺は横浜でも練習やってんだよ、キャンプも走り抜いてきたんだよ、って思った。でも、ピクシーは実際には『後半15分から出すけど大丈夫か』って訊いてたんだけどね。英語だったから聞き間違えてしまって。

あのゴール（後半37分、闘莉王からのパスを受け、日本代表のディフェンダー二人をかわし、ゴールキーパーの頭ごしに放ったシュート）は本当に本能だった。普段の練習でやっていたものが出たんだと思う。ずっとやってきたことの積み重ねで。キーパーが出てきたときに、蹴るふりをしてキーパーを抜くという選択肢もあったんだけど、ボールとタイミングが合ったから、もう迷いはなかった。迷いがなかったから、キーパーに当たらなかったんでしょう。思い切り振り抜いたのがよかったんだと思う」

震災から18日。いったい東北は、日本はどうなるんだ、という沈鬱な思いが国民に蔓延していた。テレビの前で、あるいはスタジアムで人々が涙し、打ち震えたのは、おそらくそんな心理と無縁ではあるまい。ワールドカップ落選など、紆余曲折の人生を歩んできた44歳が放ったゴールに、人々は一筋の光を見出したのではないか。

「僕自身は、あの1点がこんなに影響力があるとは思っていなかった。ただ、あとから、毎日同じことを続けること、コツコツとやっていればいいこともあるということが、多くの人々の気持ちとつながったのかな、と思った。あきらめないとか、勇気を持ってとか、そういうキーワードとそんな僕の姿勢がリンクしたのかな、と。

でも、98年にワールドカップに行けなかったことが、被災者の心理に重なるとかそういうことじゃないよ。被災者はもっともっと大きなものを失ったんだと思う。でも、僕にとって、ワールドカップというのは、言葉では言い表せないぐらい重みのあるものだし、人生をかけてやっているものだから。そんなことをどこかで感じてくれて、感動してくれた人も、もしかするといたのかもしれない。

ただ、あのゴールはもうあれでいいんですよ。時間とともに古くなっていくんです。思い出には残っても、新しい人も出てくるし、新しいゴールも生まれるし。もちろん、試合が終わってもう次の日には『伝説のゴール』と言われたように（笑）、残っていくとは思うよ。でも、僕はそれに酔っていてはいけないんです。今回、どこかで酔っている自分もいて、でも、その酔いは危険なんです。そういう意味では、僕はもうあのゴールを振り返っちゃいけない。それは、今回のゴールに限らずいつも僕が思うことで。酔いは捨てて次に向かう、これが大事なんです」

――プロ生活26年目。カズが第一線でサッカーを続けてこられたのは、ひとえに自身を律することを忘れなかったからだ。ただただ愚直なまでに練習に取り組み続けてきたからだ。

「ここまでこられたのは、全部のタイミングでしょう。努力もしてなければならないし、運もなければならないし。そこがみんなの言う『持っている、持ってない』の話になっちゃうのかもしれない。でも、僕は努力というものを信じたいし、努力に比重を置きたい。

だから、ワールドカップに行けなかったのは、やっぱり自分が努力しなかったからだと思っていますよ。あのとき、もっと練習して、私生活ももっと気をつけなければいけなかったんだな、と。それをやらなかったから、行けなかったんだと思う。

もちろん当時はそういう風に考えられなかったこともあるよ。日本代表をそこまで引っ張ってきたのは、自分だという自負もあったし、ワールドカップ予選に怪我とカード累積で出られなかった2試合を除いて全部出て、クリアしたのも事実でしょ。ジョホールバルでも先発で出たわけだし。だから、自分が出場メンバーに入ってもおかしくない、という思いはあった。でも、最終的に行けなかったのは、自分の努力がどこかで足りなかったんだといまは思っていますよ。

ワールドカップは一例だけど、とにかく、大事なのは、普段の自分の姿勢なんです。地に足がついているか、浮き足立っていなかったか、調子に乗っていなかったか、努力を怠っていなかったか……。そんなことがちゃんとできて初めて、底に落ちたときも、底から這い上がってこられるんだと思う。だから、もし運というものがあるとしたら、それもまた、普段の生活や練習の態度が大きく関わってくるような気がする。自分の態度、発言、振る舞いがしっかりしていれば、上がっていくような気がするんです。それは結局、毎日の積み重ねなんです。

たとえば、それは、本当に小さなことだったりする。忙しくて、練習後にちゃんとサポーターにサインができなかったとするじゃない？　そんなとき、なんで自分はもっと心に余裕が持てなかったのか、なんで優しくしてあげられなかったのか、とあとからものすごく反省したりする。

もちろん、自分の事情もいろいろあるわけです。紅白戦に出てもあまり調子がよくなくて、負けた。自分のプレーも全然ダメ、シュート練習もダメ、それで帰るときにサインくださいと言われても、気持ちよくできないわけですよ。でも、そんなときはあとから反省するんです」

――――

カズは自己プロデュース能力に長けている。ファッションは言うに及ばず、日常生活の細部に至るまで、自分自身で作り上げて、それを楽しむ。サッカー人生の浮沈に対しても客観的だ。たとえば、Ｊリーグ開幕前夜を「第１次カズブーム」と称し、現在の人気を「第7次カズブーム」などと自身で揶揄する。だから、逆風すら、カズは楽しんでしまう。

「人生には山や谷があって、僕は谷のときでもそこはそこで楽しんでいるんだと思う。プレーをすることをやめない限り、僕には谷なんてないんだろうな、と思います。とにかく、サッカーをやっていて、気持ちが落ちたことはないんです。

最近よく『なんでカズさんはモチベーション高くいられるんですか』って、（藤田）俊哉とか横浜FCの選手とかいろいろな人から訊かれるんです。僕は、やっぱり、人生を楽しんでいるからだと思う。

サッカー一筋でやってきているけれど、そのためにはいろんなことをしているんです。なんて言うか、基本的に自分の好きなことをやっているんだよね。だから続く。外に出て、いろんな場所の空気を吸って、いろんな環境に飛び込む。いろんな人に会う。それがいいんじゃないかと思う。だから、脳がいつも刺激を受けているし、新鮮でいられる。

サッカーのための人生だけど、その人生も、もう思い切り楽しむという、それが結局、サッカーのモチベーションや集中力につながっていく。それがいままですごくうまく回ってきたという気がするよね。

みんながモチベーションについて訊くということは、モチベーションを長く保つのは大変であるということの裏返しでしょ。練習のモチベーションにしても、実は常に試合に出ているときは持ちやすいんです。でもたとえば、去年の僕の試合での使われ方がそうだったように、後半のちょっとした時間でしか使われないとなってくると、こんな苦しい練習はないってことでみんな辞めていっちゃう。

ところが、僕は違うんですね。出られなかった悔しさ、使われなかったことの悔しさ、1分も使われなかったときのむしゃくしゃする気持ちというのは、10代、20代のときとまったく変わらず、いまも持ってる。『俺ももう44歳だし、まあ仕方ないや』なんて思ったことは一度もない。なんで使わないんだよ、このクソ監督、ぐらい思ってやっている。だから、ひとつひとつの練習もそうだし、試合に出たときもそうだけど、自分はできるんだということを証明したいとプレーしているよね。それがまた楽しいわけです。いろんなことが楽しくなってくるわけですよ、年をとってくると」

「いつも楽しい」とカズは言うが、腐っても不思議でない状況は少なからずあった。

──98年のワールドカップ落選は言うに及ばず、00年末に京都から年俸ゼロ円を提示されたとき、あるいは、その後移籍した神戸で05年のシーズン途中に監督が替わってベンチから外されたとき。いつ辞めてもおかしくない分岐点が、幾度となくカズには示されていたのだ。

「どんなときも僕は腐らないですよ。神戸でトップチームから外されて、高校を出てきたばかりの若手たちと練習することになったときも、シーズンが終わる12月までコツコツとやろうと思って走っていた。そうやって、コツコツとやっていれば、必ずどこかでチャンスが来るんじゃないかと思っていたから。いつか必ず自分を必要とするときが来る、そのときまで頑張ろうと思ってました。結局、すぐに横浜FCからオファーをもらって、移籍するわけだけど。

いまでも変わらず、試合で満足いくような形で使われないとき、毎回、こんなチーム辞めてやるって思う。ブラジルのときもそうだったし、そのあとのチームでもそう。それはもう、19歳でプロになってからずっと思っていること。でも、次の日に練習すると、また違うアイディアがひらめいたりして、すっきりする。そんな感情的になるなよ、ともうひとりの自分が話しかけてきて、再生しちゃうんです。練習やっていれば、頑張っていればいいことあるよ、みたいな声がどこからか聞こえてくるんですね。

たぶん、いま、僕がサッカーを続けていられるひとつの理由は、毎日毎日まだ新しい発見があるからなんだと思う。プレーをしていて、『あれ、俺まだこんなプレーができるんだな』とか、シュート練習をしていて、『ここでこう勝負したら入っていけるんだな』とか、『スピードをそんなに上げないで、ワンクッション、フェイントを入れたらこんなにディフェンスって嫌なんだな』とか。そんなことを体感している。昔は、体の方が先にいっちゃってたけど、いまは考えて体を動かして、何か学んでいるという感じになる。それはできなかったものができるようになったというわけじゃなくて、あまりやってなかったことがコンディション次第ではまだできるんだ、という類の発見です。

たとえば練習だけでなく、ついこの間も、試合中に新たな発見というか、学びがあったんです。それは、トラップしたときの体のわずかな角度によって新たなボールコントロールができたということなんだけど、誰も気づかないようなその細かいディテールが自分の中では発見だったし、学びだった。44歳のいまでも発見があるとはそういうことなんです」

――昨年末に酒を断って以来、カズは丸4カ月以上、現在に至るまでアルコールを一

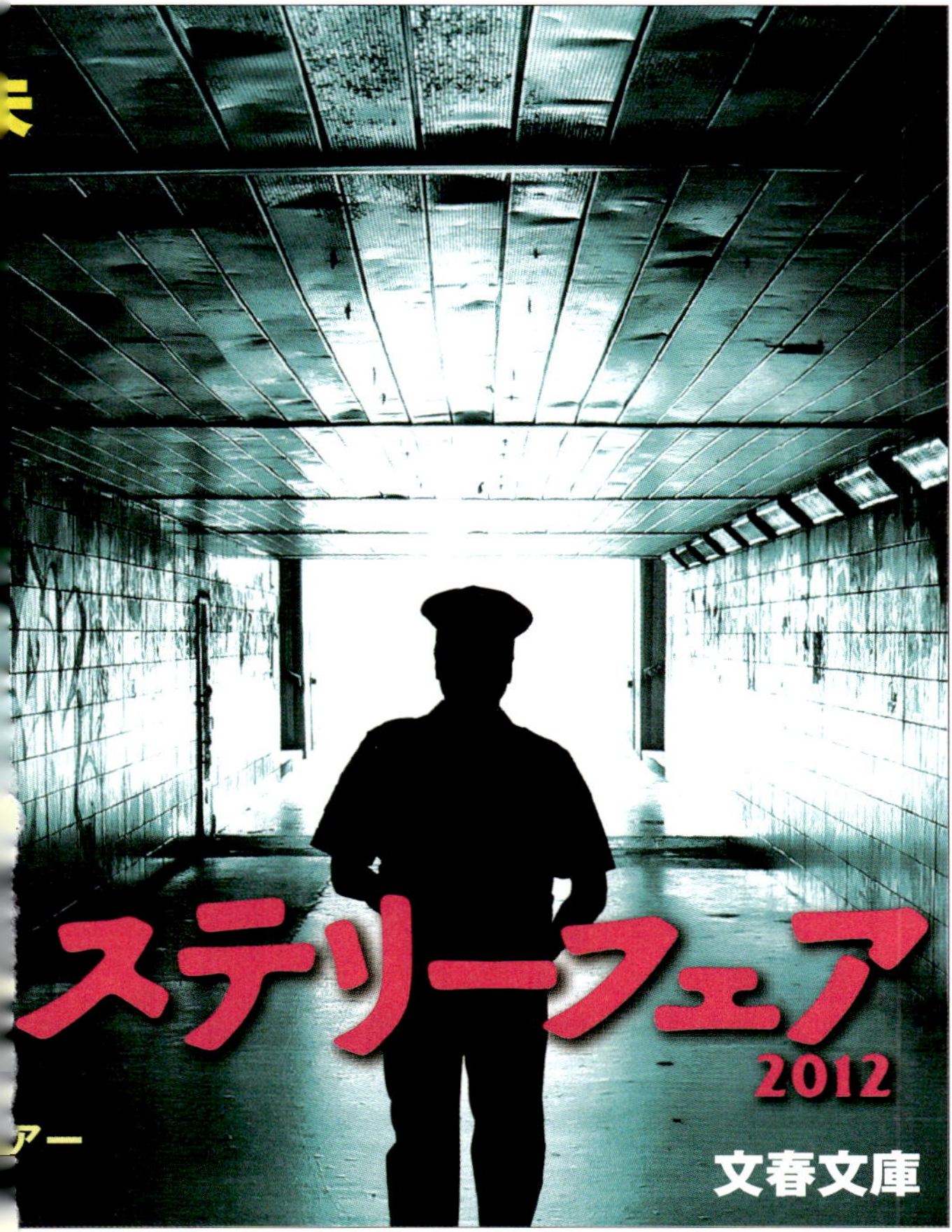
ステリーフェア
2012
文春文庫

「足に魂こめました」

カズが語った
[三浦知良]

はにしてなお疾走を続けるキング・カズ。誕生からブラジル留学、そして現在までを熱く語る半生の記

●600
783829

久我羅内

博士たちの奇妙な研究

素晴らしき
異端科学の世界

エジソンが作ろうとした霊界ラジオ、超低周波音でつくる人工幽霊屋敷など、科学者が不思議な現象を真面目に研究した珍説・奇説を紹介

●560円
783830-0

江部康二

主食を抜けば糖尿病は良くなる！

糖質制限食
のすすめ

「実践した患者全員が劇的に改善」「薬剤に頼らない」「インスリン注射を中止できた例も」……糖質制限食が糖尿病治療の未来を変える！

●600円
783831-7

中田整一

満州国皇帝の秘録

ラストエンペラーと
「厳秘会見録」の謎

皇帝溥儀の専属通訳・林出賢次郎が残した謁見の記録。傀儡国家・満州国の実態と、溥儀の複雑な素顔を明かす昭和史の貴重な証言

●840円
783832-4

山田昌弘

ここがおかしい日本の社会保障

生活保護給付金より低い「最低賃金」から親の年金で暮らす「パラサイト・中高年」問題まで、社会保障の矛盾と再建への道筋を論じる！

●560円
773603-3

デイヴィッド・ピース

TOKYO YEAR ZERO

酒井武志訳

焼け跡の東京をさまよう殺人鬼の闇、それを追う警視庁刑事の封印された過去。あまりに圧倒的なミステリ大作。「このミス」三位

●990円
781213-3

老スリに隠されていたもう一つの顔とは？

堂場瞬一

消失者 アナザーフェイス4

町田の駅前、大友鉄は想定外の自殺騒ぎで現行犯の老スリを取り逃がしてしまう。その晩、死体が発見され……大人気シリーズ第四弾！

●710円
778705-9

「信仰」の意味を問う傑作ミステリー

内田康夫

神《か》苦《ぐ》楽《ら》島《じま》 上下

秋葉原で若い女性の不審死に遭遇した浅見光彦。事件の鍵は、淡路島と伊勢を結ぶ一本の線にあった。底知れぬ闇が、浅見を戦慄させる

●各570円
766615-6
766616-3

吉田修一

横道世之介

進学のため上京した横道世之介十八歳。愛すべき押しの弱さと隠された芯の強さで、様々な出会いと笑いを引き寄せる青春小説の金字塔

●750円
766505-0

佐藤雅美

上方の米相場で大儲け、大金を隠し持っていると噂されるご隠居。

20円
720-1

2012年
11月の新刊 文春文庫

滴も体に入れていない。毎日数回、竹内マッサーのマッサージを受け、早め早めに体の違和感を取り除き、事故を未然に防ぐ。そして、食の徹底管理。44歳のサッカー選手がフィールドに立ち、走るということはそんな努力を怠らない、ということでもある。

「僕は、30代のとき、インタビューとかでも、よく『経験』という言葉を口にしていたでしょ。『自分の経験を生かして』とか。でも、はっきり言って自分でも実は全然そのことがわかっていなかったんだと思う。いま、40歳を過ぎて、本当の経験の大事さっていうのがわかってきたような気がする。

経験って、長くやって、試合をたくさんやってきたからじゃなくて、精神的な、生活の落ち着きも含めて、人生で学んだことも入ってくるんです。それも含めての経験なんです。やっぱり、40歳までサッカーをやる人って少ないでしょ。そういう意味でいまや、こんなに監督の心理がわかっちゃう選手もいないと思うんです（笑）。経営者とか、サッカーだけじゃない職種の人とも付き合いが出てきて、そうすると、監督という人の見方も昔とは変わってきたりするわけです。だから、監督にとっては、ある意味やりにくい選手かもしれないな、と思ったりする。むしろ若い選手だけの方が楽なんじゃないかな、と。そんなことも、20代、30代のときには絶対に考えないことだったよね。40代に入って、気持ちの余裕みたいなのが間違いなく出てきているわけです」

カズは職人なのだと思う。毎日コツコツと練習を積み重ねながら、熟練域を少しずつ広げていく職人。世間が持つカズのイメージとは少し違うのかもしれないが、カズには「愚直」という言葉がぴったりくる。カズは「金属疲労」を起こしつつある身体に楽しげに鞭を入れながら、なおも走り続ける。

「いま、体のいろんなところに無理が来ていて、サッカーをやめたときに自分の体がどうなっちゃううか、という怖さはあるんです。戦うために相当過酷なことをやってきて、筋肉が落ちてきたときに、どうなっちゃうのか、筋肉に覆われていた関節がもたなくなっちゃうんじゃないかとか。身体がぼろぼろになったら、サッカーやめるどころか、人生やめなきゃいけなくなるんじゃないかと思うときもある。

だけど、僕はいま、練習量を落とす気もないし、若い選手に負ける気もしない。逆に、そこのモチベーションが保てなくなったときは僕がサッカーをやめるときでしょう。いま、毎日、若い選手と同じメニューでタイム争いをして、それができるというのが僕の自慢で優越感なんです。そして、それが自分であることの何よりの証拠でもあるんです」

5

私は、これまでに、有名無名問わず、何百人いや何千人という方々にインタビューをさせてもらってきた。ノンフィクションを書く仕事に就いて、気がつけば早三〇年もたっているのだ。

そんな中で、ひとりの人間に長期間はりついて、言葉を拾い続けるという作業も幾度となく経験した。

鮨職人の中澤圭二さんや佐藤衛司さん、指揮者の小澤征爾さん、植物学者の宮脇昭先生、料理人の奥田政行さん、そして、最近で言えばデザイナーの水戸岡鋭治さん、農業家の山澤清さんとたくさんの方々からお話を頂戴し、本の中に言葉を落としてきた。彼らから至近で見せていただいたシーン、頂戴したお言葉は、もう何物にも代え難い私の財産、いや細胞にさえなっている。

そんな中でも、やはりカズは、私にとってひときわ特別な存在であり続けた。カズは私などに比べるとはるかに大人だった。基本的にすべての面でグレードの違うステージに立っていた。逆境のときをどう受け入れ、小さき人間をどうやっていなし、場面場面でいかに粋にふるまうか——。私はカズを見ながら、まさにカズに学びながらやってきたのである。

『足に魂こめました』の取材時に二五歳だったカズは三〇になり、やがて四〇を通過し、いまや四五歳を迎えている。時代は流れ、サッカーは進化し、ありとあらゆるものが変容した。だからこそ、いまなお現役である一人の人間を追い続けてきたことの面白さも浮かび上がってくるのだろう。

そして二〇一二年、四五歳のプレーヤーは、フットサルの日本代表に招集された。思いもよらぬ形で再び日本代表のエンブレムが降ってきたわけである。

九三年のJリーグでそうであったように、ここでも自分が光を放つことで人もモノも大きく動いていくことを知っているから、カズはその難しい役割を快く引き受けた。背景はどうあれ、用意された大舞台には乗ってやろうじゃないか、というのがカズの考え方なのだろう。

それは何よりも、自身がいまなお煌めく星であるということの証しでもあるのだ。もっとも振り返ってみれば、カズはそんな驚きを私に、いや人々に何十年にもわたって運び続けてきたということにも思い至る。

　裏を返せばそれは、カズが常に自分への刺激を欲してきたということでもあるのだろう。カズは自身にインセンティブを与える名人だと私は思っている。ここまで長らえてきた理由は、その一点に尽きるのではないか。

　いずれにしても、二〇年が過ぎてなおも断続的にカズの言葉を拾い、至近でその一挙手一投足を見続けている私の両手からは、書くべき材料があふれ出している。それは、本書『足に魂こめました』のときとはもはや比べものにならないぐらいの膨大な量である。

　いよいよ、その二〇年間ために溜めてきたものを吐き出し、熟成を問うときが近づいてきたのかもしれない。スーパースターの近くに身を置き続けた僥倖をかみしめつつ、それに相応しい新たな物語を産み落としてみたい。いま、改めてそう思っている。

二〇一二年晩秋　　　　　　　　　　　　　　　一志治夫

単行本　一九九三年九月　文藝春秋刊

文春文庫

「足《あし》に魂《たましい》こめました」
カズが語《かた》った［三浦知良《みうらかずよし》］

定価はカバーに
表示してあります

2012年11月10日　第１刷

著　者　一志治夫《いつしはるお》
発行者　羽鳥好之
発行所　株式会社　文藝春秋

東京都千代田区紀尾井町 3-23　〒102-8008
TEL 03・3265・1211
文藝春秋ホームページ　http://www.bunshun.co.jp

落丁、乱丁本は、お手数ですが小社製作部宛お送り下さい。送料小社負担でお取替致します。

印刷製本・凸版印刷
Printed in Japan
ISBN978-4-16-783829-4